U0498389

本书是四川省科学技术厅2019年第一批省级科技计划项目
"高校职务科技成果权属改革研究"（项目编号：19RKX0200）的研究成果

GAOXIAO ZHIWU KEJI CHENGGUO QUANSHU
GAIGE LILUN YU SHIJIAN

高校职务科技成果权属
改革理论与实践

汪大喹　王曙光　王真真　钟玉泉
张　祺　张　琳　郭文梅 ◎著

西南财经大学出版社

中国·成都

图书在版编目(CIP)数据

高校职务科技成果权属改革理论与实践/汪大喹等著.—成都:西南
财经大学出版社,2022.11
ISBN 978-7-5504-5315-9

Ⅰ.①高…　Ⅱ.①汪…　Ⅲ.①高等学校—科技成果—所有权—体制
改革—研究—中国　Ⅳ.①G644

中国版本图书馆 CIP 数据核字(2022)第 061231 号

高校职务科技成果权属改革理论与实践

汪大喹　王曙光　王真真　钟玉泉
张　祺　张　琳　郭文梅　　　著

责任编辑:石晓东
责任校对:陈何真璐
封面设计:墨创文化
责任印制:朱曼丽

出版发行	西南财经大学出版社(四川省成都市光华村街 55 号)
网　　址	http://cbs. swufe. edu. cn
电子邮件	bookcj@ swufe. edu. cn
邮政编码	610074
电　　话	028-87353785
照　　排	四川胜翔数码印务设计有限公司
印　　刷	四川五洲彩印有限责任公司
成品尺寸	170mm×240mm
印　　张	8.75
字　　数	137 千字
版　　次	2022 年 11 月第 1 版
印　　次	2022 年 11 月第 1 次印刷
书　　号	ISBN 978-7-5504-5315-9
定　　价	58.00 元

1. 版权所有,翻印必究。
2. 如有印刷、装订等差错,可向本社营销部调换。

前言

　　本书是四川省科学技术厅 2019 年第一批省级科技计划项目"高校职务科技成果权属改革研究"（立项编号：2019JDR0059）的研究成果。

　　科技是推动社会进步的重要力量，也是第一生产力。科技成果是人智力劳动的成果，依靠人的智力活动来完成。离开人的创造活动，科技成果就不可能产生。因此，人们通过科学研究所形成的科研成果或发明创造奠定了人类文明的基础，推动了科技进步，促进了经济社会快速发展。我国从改革开放以来，一直注重科技创新，特别是党的十八大以来，以习近平同志为核心的党中央更是把科技创新摆在国家发展全局的核心位置，把创新驱动发展战略作为国家重大战略，不断加大对创新的激励和创新成果应用的力度。创新驱动实质上也是人才驱动，关键在于拥有一大批具有创新精神和创新能力的科技人才，将科技人才的积极性充分调动起来，将科技人才的作用充分发挥出来。这就必然涉及对科技人才的创新成果的权益分配问题，也催生出职务科技成果权属认定制度。

　　高校是科技人才的聚集地，也是科技人才的育才池，更是科技人才和科技成果的孵化园。国家知识产权局近几年发布的知识产权统计年报显示，国内高校职务科技成果呈逐年上升趋势，高校已在科技创新中占有重要的地位，发挥着更为重要的作用。高校科研人员主要是教师，他们在承担繁重的教学任务、着力培养人才的同时，也承担了大量的科研任务，形成了很多的职务发明。因此，科学、合理地确定这些职务发明的权属，关系发明人的待遇、企业的利润、发明人的积极性和高校的竞争力，同时职务科技成果权属认定制度关系一个国家的科研能力、科技发展水平甚至经济实力，是一个国家核心竞争力的体现。

职务科技成果权属是职务发明创造制度设计的核心内容。职务发明创造，一般是指发明人在履行其所在单位或正式社会组织所规定的职责中所完成的发明创造。职务发明创造所涉及的利益主体包括发明人和发明人所属单位或社会组织。因此，对职务发明创造范围以及权利归属的界定的科学性与合理性，将会影响发明人及其所在单位的利益分配，并可能引起后续一系列的连锁反应。因此，确定职务发明创造的权利归属是整个职务发明创造制度设计的核心内容。职务发明创造的权利归属模式是确定职务发明创造中单位或社会组织和发明人权利和义务的基础。职务科技成果权属的确定，可以使资源达到最佳配置，提高发明人进行职务发明创造的积极性，保护其智力劳动成果；能够使单位或社会组织更加积极地投入更多的资金用于技术创新活动并收回投资，从而实现发明人和单位或社会组织利益的平衡，并不断促进社会科学技术的进步与经济的发展。

基于上述原因，我们开展了职务科技成果权属改革研究，并在四川省委、省政府及相关部门的指导下开展了激励科技人员创新创业试点工作和职务科技成果混合所有制改革。通过几年的实践，我们也取得了一定的成绩。四川省在汲取改革试点经验的基础上，出台了《关于扩大职务科技成果权属混合所有制改革试点的指导意见》，实行以增加知识价值为导向的分配政策，强化科技成果产权对科研人员的长期激励，给予科研人员合理的利益回报，激发广大科研人员的积极性、主动性和创造性，鼓励多出成果、快出成果、出好成果，推动科技成果加快向现实生产力转化。从这个意义上说，本书也算是我们对职务科技成果权属改革试点做的总结。

对职务科技成果方面的研究，学术界已经有很多的研究成果。本书也是在广泛参考和借鉴学术界同仁科研成果的基础上形成的。对于参考的文献资源，我们已尽可能地注明，但由于时间仓促，仍可能挂一漏万，敬请各位同仁谅解！

本书是集体研究的成果，具体分工如下：王曙光教授（攀枝花学院）、石维富教授（攀枝花学院）对课题研究提出了研究方案并指导具体实施细节，汪大喹教授（攀枝花学院）负责本书的统稿、绪论及第六章的撰写，王曙光教授（攀枝花学院）撰写了第二章的第一节至第三节，王真真副教授（四川旅游学院）撰写了第一章和第三章，钟玉泉教授（攀枝花学院）撰写了第七章，张祺副教授（攀枝花学院）撰写了第二章第四节至第五节，张琳副教授（攀枝花学院）撰写了第四章，郭文梅硕士（攀枝花学院第二附属医院、攀枝花市中心医院）撰写了第五章。由于水平有限，本书的研究尚有不足之处，我们将在后续研究中加以补充，也敬请各位同仁批评指正。

课题组

2021 年 12 月

目录

绪论 / 1

　第一节　研究背景 / 1

　第二节　研究意义 / 4

第一章　职务科技成果权属研究概述 / 8

　第一节　职务科技成果权属制度研究 / 8

　第二节　职务科技成果权属改革研究 / 12

　第三节　国内职务科技成果转化模式研究 / 17

　　一、职务科技成果转化模式选择研究 / 17

　　二、职务科技成果转化机制及途径研究 / 21

　　三、职务科技成果转化效果评价研究 / 24

　第四节　国外职务科技成果权属改革及转化模式研究 / 26

第二章　我国职务科技成果权属的法律规则 / 30

　第一节　职务科技成果的法律界定 / 30

　第二节　我国职务科技成果权属的相关法律规定 / 31

　　一、资产管理相关法律政策 / 31

　　二、科技领域法律政策 / 33

　　三、其他相关法律 / 36

第三节　与职务科技成果权属相关的政策归纳 / 36

一、国家层面的政策 / 37

二、各地方有代表性的政策 / 42

第四节　我国相关政策法律对职务科技成果权属的确认 / 49

第五节　当前我国职务科技成果权属的法律优势路径选择 / 54

第三章　发达国家职务科技成果权属的法律规则 / 57

第一节　雇员优先模式 / 57

一、美国 / 57

二、日本 / 60

第二节　雇主优先模式 / 62

一、法国 / 62

二、英国 / 63

三、俄罗斯 / 64

第三节　折中模式 / 64

第四节　评述 / 66

第四章　高校职务科技成果权属改革现状和主要困境 / 68

第一节　高校职务科技成果权属政策的发展历程 / 68

一、起步阶段 / 69

二、调整阶段 / 70

三、借鉴阶段 / 71

四、完善阶段 / 72

第二节　高校职务科技成果产权改革现状和主要困境 / 76

一、职务科技成果产权不明晰 / 76

二、职务科技成果权属纠纷过多 / 76

三、职务科技成果转化奖励报酬制度执行不力 / 77

第三节　高校职务科技成果转化改革的典型创新模式 / 80

一、北京大学 / 80

二、同济大学 / 81

三、西南交通大学 / 82

第五章 高校职务科技成果权属改革的理论基础和基本原则 / 83

第一节 高校职务科技成果的特殊性 / 83

一、高校职务科技成果服务对象的特殊性 / 83

二、高校职务科技成果服务目的的特殊性 / 84

三、高校职务科技成果转化的特殊性 / 84

四、科研群体（团队）的特殊性 / 85

第二节 高校职务科技成果权属改革的理论基础 / 85

一、人力激励理论 / 85

二、自然法财产权劳动理论 / 86

三、公平理论 / 87

四、现代产权理论 / 88

第三节 高校职务科技成果权属改革的基本原则 / 89

一、发明人为主原则 / 89

二、约定优先原则 / 90

三、激励创新原则 / 90

四、产权合理配置原则 / 91

五、利益平衡原则 / 91

第六章 高校职务科技成果权属制度构建 / 93

第一节 高校职务科技成果权属认定中存在的问题 / 93

一、高校职务科技成果权属认定的边界过宽 / 94

二、高校职务科技成果认定权利归属过于单一 / 95

三、高校职务科技成果发明人权益过窄 / 95

第二节 高校职务科技成果权属制度构建的建议 / 96

一、准确界定高校职务科技成果的范围 / 96

二、落实约定优先的产权制度 / 99

　　三、完善职务科技成果的奖励制度 / 101

　　四、建立合理的成果转化利益分配制度 / 103

　　五、设立专业的成果转化机构 / 104

　　六、深入推进职务科技成果混合制改革 / 105

第七章　攀枝花学院职务科技成果权属混合所有制改革 / 107

　第一节　攀枝花学院职务科技成果转化现状 / 107

　　一、出台政策保障 / 107

　　二、注重政策宣传 / 108

　　三、有序推进实施 / 109

　　四、职务科技成果转化成效 / 109

　第二节　存在的主要问题 / 113

　　一、配套政策问题 / 113

　　二、成果评价问题 / 114

　　三、科研成果中试和进一步推广的条件有限 / 114

　　四、教师的专利成果观念有待革新 / 114

　　五、还未形成真正独立并且市场化运作的成果转化运营机构 / 115

　　六、建立长效且健全的激励机制 / 115

　第三节　改革思路和方案 / 116

　　一、完善知识产权管理体系 / 116

　　二、探索完善的科技成果价值评估体系 / 116

　　三、加强专业化机构和人才队伍建设 / 117

　　四、通过专利后补奖励提升专利质量 / 118

　　五、建立协同转化机制 / 118

　　六、完善职务科技成果转化配套政策 / 118

　　七、建立科技创新资源共享平台 / 119

参考文献 / 120

绪论

党的十八大提出，我国要实施创新驱动发展战略，而职务科技成果是我国科技成果的重要组成部分，是实现国家创新驱动发展的重要支撑。国家知识产权局年报数据显示，2015—2019 年我国国内发明专利申请中，职务发明申请占总数的 80% 以上。仅 2019 年，我国职务发明申请专利达到 113.6 万件，占发明申请专利总量的 91.4%；专利授权 34.4 万件，占专利授权总数的 95.4%[①]。可以说，职务发明已经成为专利发明的绝对主角。但光鲜的成果数量难以掩盖科技成果转化率低的现实，究其原因，科研人员的科技成果权利未能得到充分保障，从而影响了科研人员的积极性。因此，我们需要对科技成果权属制度进行改革。

第一节　研究背景

科技创新是一个民族进步的灵魂，是一个国家兴旺发达的不竭动力。科技创新的直接体现是科技成果，有效转化科技成果才能实现科技创新的目标。职务科技成果是指单位科研人员在履行岗位职责和利用本单位的资源条件时所形成的智力成果。改革开放以来，为了推动国家创新创业，促

---

① 数据来源：国家知识产权局。

进科技成果的转化，国家、地方政府和高校对职务科技成果的权属进行了探索和改革。

2006 年 1 月 9 日，胡锦涛同志在全国科技大会上发出"坚持走中国特色自主创新道路，为建设创新型国家而努力奋斗"的号召。2014 年 6 月 9 日，习近平总书记在中国科学院第十七次院士大会、中国工程院第十二次院士大会上的讲话中指出："必须坚定不移贯彻科教兴国战略和创新驱动发展战略，坚定不移走科技强国之路。"因此，适时调整科技成果权属制度、实现对科技人员的产权激励，能够调动广大科研人员的积极性、创造性，产出更多、更先进的科技成果，并加快科技成果向现实生产力转化，促进我国经济迅猛发展，提高国家国际竞争力，使我国早日成为创新型国家。

2015 年新修订的《中华人民共和国促进科技成果转化法》规定，职务科技成果转化后，由科技成果完成单位对完成、转化该项科技成果做出重要贡献的人员给予奖励和报酬，但这种奖励一般还是需要单位与科技工作人员进行约定，而这种约定基本上都是单位说了算，科研人员基本上没有什么话语权，这会导致科研人员权利虚化，对科技成果转化热情不高。因此，加强对职务科技成果权属改革的研究、确定职务科技成果权属关系，对促进科技成果转化有着重要作用。

2018 年 3 月，国务院政府工作报告首次提出"探索赋予科研人员科技成果所有权和长期使用权"。为落实国务院政府工作报告所确定的重点任务，2018 年 7 月，《国务院关于优化科研管理提升科研绩效若干措施的通知》第二十条首次以政策文件形式明确规定："对利用财政资金形成的职务科技成果，由单位按照权利与责任对等、贡献与回报匹配的原则，在不影响国家安全、国家利益、社会公共利益的前提下，探索赋予科研人员所有权或长期使用权。"随后各地在科技创新政策文件中，均提出"探索赋予科研人员职务科技成果所有权或长期使用权"。2019 年 1 月，全国科技工作会议将"开展科技成果产权制度改革，赋予科研人员职务成果所有权或长期使用权"列为 2019 年工作重点。对职务科技成果所有权进行重新设计、形成有效产权激励、破解科技成果转化不畅问题，已成为全社会的共识。

我国正全面推动各个领域的深化改革，大力实施创新驱动发展战略，这对于推动高校改革创新、提升高校对社会经济发展的贡献度和参与度提出了更高的要求。2020年2月14日，习近平主持召开中央全面深化改革委员会第十二次会议，会议审议通过了《赋予科研人员职务科技成果所有权或长期使用权试点实施方案》——科研人员可享有职务科技成果所有权或长期使用权。会议强调要加强知识产权保护和产权激励，赋予科研人员职务科技成果所有权或长期使用权，健全决策机制，规范操作流程，探索形成赋权形式、成果评价、收益分配等方面制度。要坚持试点先行，坚持优化协同高效，改革事业单位机构设置和职能配置，探索实行政事权限清单、机构编制职能规定、章程管理等制度。

地方政府和高校也对职务科技成果权属制度改革进行了不懈努力。2010年西南交通大学开始进行职务科技成果混合所有制改革探索，2017年，四川省在攀枝花学院、西南石油大学等高校进行改革试点。2019年在总结20所高校"职务科技成果权属混合所有制改革试点"工作经验基础上，四川省科学技术厅、四川省教育厅会同省级相关部门联合制定了《关于扩大职务科技成果权属混合所有制改革试点的指导意见》，决定将试点范围扩大到中央在川高校、院所、科技型企业，省属高校、院所和科技型企业，进一步探索赋予科研人员所有权或长期使用权，打通科技成果转化通道，充分激发国内外高校院所在川转移转化科技成果的积极性。然而，职务科技成果是体现单位意志、利用单位物质条件和资源并由单位承担风险与责任的成果，将其权属赋予科研人员面临的最大问题是现行法律制约。因此，我们很有必要研究在现行法律框架下进行职务科技成果权属制度改革的办法。

第二节 研究意义

高校是高层次人才的集聚地，是我国科技创新的重要基地，是创新创业人才的重要来源，是服务于国家经济建设的重要组成部分，也是促进国家科学技术创新的重要主体，其技术成果产出丰富，职务发明在我国专利申请和授权中发挥着越来越重要的作用。但是，高校科技成果转化率相对较低。仅 2019 年，我国职务专利申请达到 113.6 万件，占发明申请专利总量的 91.4%。近 5 年，高校专利申请数量年均增长 20% 左右，但是我国高校在专利维持及专利转化方面存在不足，高校职务科技成果往往在被授予专利权之后就束之高阁。根据国家知识产权局战略规划司的《2019 年中国专利调查报告》，就发明专利实施率而言，高校在与企业、科研单位和个人的比较中处于最低水平，我国有效专利的产业化率为 38.6%。从专利权人类型看，企业的有效专利产业化率为 45.2%，高校的有效专利产业化率最低，为 3.7%。从专利类型来看，有效外观设计专利的产业化率最高，为 42.8%；有效发明专利的产业化率相对较低，为 32.9%。高校职务发明人对于科技成果转化的积极性不高，进而转化率也偏低。究其原因，除转化过程复杂以外，转化率低与转化前科技成果权属制度僵化也有密切关系。因此，探讨高校科技成果权属改革、破除制度障碍具有十分重要的意义。

（1）高校职务科技成果权属改革是贯彻国家发展战略、建设创新型国家的需要。建设创新型国家是我国的国家发展战略，也是使我国成为现代化强国的必由之路。而建设创新型国家，必然需要众多的创新型科研成果得以转化和广泛应用，这里面涉及两个前提：一是有创新的科研成果；二是这些成果能够得到有效转化和广泛应用。目前，各高校都非常重视科研工作，并将教师科研工作纳入职称评聘、年度考核、提拔晋升、评优评奖等范围，从而产生了一大批创新性科技成果。但客观地说，这些成果往往仅限于实验室成果，没有充分发挥对产业发展和经济转型的作用。产生这种结果的重要原因是：职务科技成果权属法律法规和政策制度未能保障科研人员应有的合法权益，科技人员对职务科技成果的权益不多，不能充分享受由科技成果而带来的各种权利。因此，要让成果得到转化和应用，就必须赋予科技人员对自身职务科技成果相应的权益，实行以增加知识价值为导向的分配政策，如提高科研人员成果转化为收益的分享比例。

（2）高校职务科技成果权属改革是落实省委综合改革，推进激励科技人员创新创业的需要。2013年11月12日，党的十八届三中全会通过了《中共中央关于全面深化改革若干重大问题的决定》，作出了全面深化改革的重大决策。四川省委、省政府为落实中央决定，成立了四川省委全面深化改革领导小组，开展了包括深化科技体制改革在内的若干改革，先后制定并印发了《关于激励科技人员创新创业专项改革试点的意见》《激励科技人员创新创业专项改革试点总体工作方案》《培育企业创新主体专项改革方案》《激励科技人员创新创业专项改革方案》《四川省激励科技人员创新创业十六条政策》等文件，在全省范围遴选了3所科研单位、3所高校和1个行政县来激励科研人员进行创新创业改革试点，有力地推动了四川省科技创新，调动了科研人员的积极性和主动性。但该改革试点并未在科技人员职务科技成果权属改革方面有所突破，一些改革政策落实不到位，甚至出现不同部门之间政策相互矛盾的现象。科技人员实际参与度不高，未能达到预期效果。因此，我们需要对职务科技成果权属进行改革，进一步保障科技人员对成果的权益。

（3）高校职务科技成果权属改革是提升高校内涵、建设"双一流"大学的需要。为抢占世界教育高地，实现从教育大国向教育强国的转变，2015年10月，国务院发布《统筹推进世界一流大学和一流学科建设总体方案》。在此之后，教育部、财政部、国家发展改革委制定了《统筹推进世界一流大学和一流学科建设实施办法（暂行）》；各地也出台了相应的建设文件，对"双一流"大学建设作出了具体安排部署。对于"双一流"大学建设而言，学科建设是龙头，科学研究是关键，内涵建设是基础，职务科技成果权属改革是保障。如果没有完善的法律制度和政策措施来保障科研人员的职务科技成果权益，就无法激励科技创新，"双一流"大学建设目标就很难实现。因此，我们需要对职务科技成果权属改革进行研究，减少或消除影响科技人员科研积极性的不利因素，提高科技人员进行科技创新的主动性。

（4）高校职务科技成果权属改革是适应高等教育改革、促进高校转型发展的需要。2014年，国务院发布《关于加快发展现代职业教育的决定》，提出"引导普通本科高等学校转型发展"的重大战略决策，拉开了高校从普通本科院校向应用技术大学转型发展的序幕。从科研层面讲，应用技术大学的核心标志在于：众多的应用技术成果得到转化和应用，并在社会上产生广泛的经济效益和社会效益。这也是判断高校转型是否成功的重要依据。而高校要真正实现转型发展，就需要不断开发新的应用技术成果，也需要高校科研人员不懈努力。这就要求重新界定科技人员与职务成果之间的权属利益关系，以激励科研人员产出更多的应用技术成果，以更好地促进高校转型发展。

（5）高校职务科技成果权属改革是调动科研人员积极性、激发科研潜力的需要。《中华人民共和国专利法》第六条规定："执行本单位的任务或者主要是利用本单位的物质技术条件所完成的发明创造为职务发明创造。职务发明创造申请专利的权利属于该单位；申请被批准后，该单位为专利权人。"从某种意义上讲，这条规定禁止了现有科技成果转化制度突破所有权的可能，使新的科技成果转化制度不可能触及科技成果所有权这个核心问题；这条规定是一条约束性条款，不利于调动科研人员的积极性和创造性。因此，加强高校职务科技成果权属改革研究，探索建设"责权利"统一的权益分配机制和管理机制，实行所有权和使用权、处置权、收益权分离制度，保障科研人员合法权益，可以进一步调动科研人员的积极性，使科研人员潜力得到发挥。

（6）高校职务科技成果权属改革是提高科研服务能力，促进地方产业发展的需要。促进社会发展是高校的一项基本职能。但高校职务科技成果转化率不高,对地方经济和产业发展的适应性不强。一方面,地方企业需要大量的应用技术;另一方面,高校的应用技术得不到有效转化,这导致高校科研和地方经济产业发展脱节。加强职务科技成果权属改革,可以进一步增大科研人员对科技成果的自主权,激励科研人员自主转化科技成果,提高科研服务社会的能力,促进地方产业发展。

综上所述,深入探索研究高校职务科技成果权属改革的问题,破除严重影响科研人员科研积极性的障碍,对推动贯彻实施国家创新发展战略、建设创新型国家、实现科技强国具有十分重要的理论意义和实践意义。

第一章　职务科技成果权属研究概述

近年来，学术界对职务科技成果权属改革展开了多层次、全方位的研究。归纳起来，这些研究主要集中在职务科技成果权属制度设计、职务科技成果权属改革、国内职务科技成果转化、国外职务科技成果转化模式等方面。

第一节　职务科技成果权属制度研究

张飞鹏等（2005）对《拜杜法》的立法背景、立法理念、法律适用范围、受政府资助单位的义务、专利受让企业的权利义务、政府的介入权等框架体系以及《拜杜法》在美国的实施情况进行了介绍，并提出以下建议。

首先，我们要充分认识到建立技术转移法律制度的重要意义。其次，我们要通过制定国家技术转移体系，建立政府、大学和科研院所、企业之间的协作与监督机制。最后，我们在制定国家技术转移体系的过程中，要处理好以下几个方面的关系。第一，技术转移立法要与公共利益相结合，要能够促进人民生活水平的提高；第二，技术转移立法要与中小企业的优先受让权相结合，使我国的中小企业得以快速成长；第三，对于涉及国家安全、国家利益和重大社会公共利益的知识产权，国家应保留所有权；第四，大学和科研机构要建立专门的技术转移部门①。

鞠志萍（2006）应用经济学原理分析了科技成果的资产形成过程。科技成果作为一种由货币资本和知识资本结合而形成的资产，在公开转化之前的外部性几乎为零，而一旦公开，这种资产就会具有很强的外部性。因此，职务科技成果权属制度安排应该充分考虑知识资本投入方的权利，而我国现有科技成果知识产权权属安排则不利于充分发挥科技人员的积极性②。

乔永忠等（2008）对主要利用国家财政资助科研项目完成发明创造的专利权归属、发明创造归属于项目承担单位时国家应保留的权利、项目承担单位的权利和义务、发明人或者设计人的权利和参与项目第三方的权利等问题进行了研究，认为提高国家竞争力的关键是要处理好发明创造及其知识产权的归属问题③。

马晓文等（2016）通过对斯坦福大学、麻省理工学院、哈佛大学等10所美国研究型大学的实证分析，从处置权的法律归属角度，研究了科技成果法律归属对科技成果转化的推动作用，进一步归纳了处置权的2种基本归属模式（即大学内部科技成果转化办公室模式、第三方合作模式）以及3种常见处置方法（专利许可、创建创业公司、成果转让），最后探讨了对中国科技成果处置权改革的启示，提出在完善法律体系、简化处置程序、配备专业人员、合理分配收入4个方面的建议④。

葛章志等（2016）通过对现行职务科技成果权属法律，包括物权法、

---

① 张飞鹏，范旭.《拜杜法》与我国技术转移法律体系的完善 [J]. 科技政策与管理，2005
(10)：36-39.
② 鞠志萍. 科技成果权属问题探讨 [J]. 特区经济，2006 (4)：304-305.
③ 乔永忠，朱雪忠，万小丽，等. 国家财政资助完成的发明创造专利权归属研究 [J]. 科学学研究，2008 (6)：1181-1187.
④ 马晓文. 钟书华. 美国研究型大学科技成果的处置机制及其对中国的启示 [J]. 中国科技论坛，2016 (2)：11-13.

知识产权法、专利法、科技成果转化法、科技进步法、合同法等国家相关科技成果权属和转化的法律进行了梳理和研究的基础上，认为现行职务科技成果所有权归属上的"单位优先"原则直接决定了转化权配置上的"单位优先"。职工处于补充转化的梯队，职工利益得不到保障，不利于科技成果的转化。对此，他们提出 4 点改进建议：一是探索职工原始取得职务科技成果所有权的途径；二是设置职工对职务科技成果所有权的继受取得规则；三是设置职工对职务科技成果转化权的法定继受取得规则；四是对现有职工的职务科技成果转化权的约定继受取得规则进行细化①。

李金惠等（2017）回顾了我国科技成果权属制度变迁和现行制度，分析了广东省根据国家相关法律制定的职务科技成果权属制度改革问题，认为广东省的职务科技成果权属政策在现行财政资金科技成果权属制度下，财政资金项目科技成果转化存在着权属不清晰、事业单位法人地位不明晰等体制机制障碍等问题。李金惠等提出了以下建议：单位获得科技成果权属后，拥有优先转化权利，收益的 60% 用于奖励团队或个人；单位怠于转化职务科技成果时，科技成果权属约定转移给团队或个人，由团队或个人进行转化；成果完成团队或完成人成功转化职务科技成果并获取收益后，要将取得的 30% 收益反馈给单位；若两年内成果完成团队或完成人不实施成果转化的，政府可以实施介入权②。

肖尤丹等（2018）对职务发明国家所有权制度进行了研究，认为 1984年中国第一部专利法采取了与绝大多数国家并不相同的权利逻辑，将国家所有权置于专利权属之中，从而形成了具有中国特色的职务发明制度。2000 年专利法改革对 1984 年专利法中的国家所有权制度进行了系统性的改革，但是这一改革仍然遗留了一些问题。这些问题也要求科技界对职务发明制度进行改革。应用产权理论对职务发明创造不同归属模式的资源配

---

① 葛章志，宋伟，万民. 职务科技成果单位优先转化权及其规则改进 [J]. 中国高校科技，2016（8）：15-18.

② 李金惠，林映华. 广东省级财政资金科技成果权属制度改革分析 [J]. 科技管理研究，2017（13）：52-56.

置效率进行了分析，认为为调动研发机构加快创新成果的转化运用积极性，除涉及国家安全或者重大利益的发明创造外，发明创造应归研发单位所有；但对于主要以国家财政资助科研项目的发明创造，如事业单位或者高校国家资助项目职务发明创造的归属，要平衡国家、社会公众与研发机构和发明人之间的利益，一律归属于国家或者研发机构一方所有。这样的做法既不能兼顾国家资助目的，又不能调动研发机构和发明人创新积极性。肖尤丹等建议完善现行职务发明制度及相关政策，进一步明确主要依靠国家资助项目或国有事业单位的职务发明创造权利归属，平衡国家、单位及发明人之间的利益①。

曹爱红等（2018）通过界定职务科技成果的内涵，梳理我国涉及职务科技成果的相关法律法规，对职务科技成果权属的规定和重点省市科技成果所有权改革探索情况进行研究和分析。他们结合其他国家和地区对财政资金形成专利发明权属的研究，认为职务科技成果所有权应归承担单位所有，职务科技成果混合所有制改革还存在制度障碍；职务科技成果混合所有制改革会影响社会的公平性和价值导向，应该建立"责权利"统一的促进科技成果转化的管理机制②。

臧红岩（2019）对2018年美国《拜杜法》的修改进行了研究和介绍，认为2018年的美国《拜杜法》从6个方面进行了修改：一是联邦机构可以缩短项目承担者两年的选择权，以保护政府的利益；二是在修改后的条例中，政府不再有异议期；三是政府机构可以提出首次专利申请；四是减少了项目承担者决定的决策时间；五是修改余额上交国库的比例；六是能源部（DOE）项目发明所有权的变化③。

万浩等（2019）对国有科技成果，也就是职务科技成果权属制度进行了研究，在分析了科技成果转化法和专利法对国有科技成果权属制度安排

① 肖尤丹.徐慧.职务发明国家所有权制度研究［J］.知识产权，2018（8）：62-72.
② 曹爱红，王涵，王艳辉.职务科技成果所有权的法律归属研究［J］.科技中国，2018（5）：71-77.
③ 臧红岩.2018年美国《拜杜法》的主要修改［J］.科技中国，2019（1）：22-23.

的基础上，认为国有科技成果的国有资产属性决定了国有科技成果转化具有一定的风险，会严重影响科技成果转化。他们借鉴美国科技成果权属制度，提出构建国有科技成果使用权的"类所有权"化制度框架，以扭转现有科技成果权属制度的困境，从而有利于促进国有科技成果的转化①。

李政刚（2019）认为，国家出台了一系列政策文件，明确提出要探索赋予科研人员职务科技成果所有权或长期使用权，但《中华人民共和国促进科技成果转化法》《中华人民共和国科学技术进步法》《中华人民共和国合同法》等法律则规定职务科技成果所有权归单位所有，职务科技成果转化须在不变更成果权属的前提下进行。他认为这一规定不利于科技成果的转化，主张将职务科技成果所有权下放给科研人员，并从理论上阐述了其必要性。他认为，国家应该按照"重大改革必须于法有据"的规定，在加快修订相关法律，对职务科技成果权属规则进行重构的同时，做好相关条文的立法解释或通过协议转让方式，以解决职务科技成果权属改革面临的法律障碍②。

第二节　职务科技成果权属改革研究

西南交通大学自 2010 年开始进行职务科技成果混合所有制探索与试验以来，这一改革饱受争议。支持者认为，混合所有制改革促进了高校职务科技成果转化，有利于国有资产的保值增值；质疑者认为，这种混合所有制改革的实质是变职务发明创造专利权国家所有为国家与发明创造人共有，这违反了《中华人民共和国专利法》第六条的规定，会造成国有资产流失。

---

① 万浩，黄武双.论国有科技成果权属制度：使用权"类所有权"化［J］.法律与科技，2019（1）：40–49.

② 李政刚.职务科技成果权属改革的法律障碍及其消解［J］.西安电子科技大学学报（社会科学版），2019（6）：68–75.

康凯宁（2015）通过介绍西南交通大学职务科技成果权属混合所有制改革情况，借鉴美国、英国等发达国家职务科技成果权属法律修订经验，分析了西南交通大学所进行的权属改革试点的科学性和合理性。他认为职务科技成果权属混合所有制改革是推动科技成果转化的有效手段，可以解决职务科技成果市场化定价的问题、评估作价入股时股权奖励问题、职务科技成果中国有部分资产保值增值的问题。同时，混合所有制会使科研方向、科研选题往市场化方向转变①。

谢敏芳等（2016）对高校等事业单位职务科技成果收益权和处置权改革进行了研究，认为高校职务科技成果的收益权和处置权制度存在的主要问题表现在：①没有把职务科技成果与有形资产区别开来、把职务科技成果当成有形资产来管；②没有对职务科技成果完成人和为成果转化作出重要贡献的人员实行重奖；③高校等事业单位不能从职务科技成果转化中获得实际利益，事前审批的做法严重阻碍了职务科技成果的转化。强制评估的规定对职务科技成果转化造成了致命的伤害。针对存在的问题，谢敏芳等提出了8条改革措施：一是把职务科技成果与有形资产区别开来，实行特殊的资产管理政策；二是对职务科技成果完成人和为成果转化作出重要贡献的人员实行重奖；三是高校等事业单位无须上缴职务科技成果转化的收益；四是职务科技成果奖励的金额不纳入职务科技成果完成单位奖励性绩效工资总额；五是改事前审批为事后备案；六是改强制评估为自愿评估；七是改强制进场交易为自愿进场交易；八是设立省级科技成果转化奖②。

陈柏强等（2017）对职务科技成果权属混合所有制改革持否定态度，从法律角度分析了职务科技成果的合法性和合理性。他们认为职务科技成果混合所有制不符合当前法律规定，并从调动科技成果转化积极性的角度说明了职务科技成果混合所有制不具备必要性。该方案提出的利益分配机

① 康凯宁. 职务科技成果混合所有制探析［J］. 中国高校科技，2015（8）：69-72.
② 谢敏芳，林修凤，连文. 关于高校等事业单位职务科技成果收益权和处置权改革的若干设想［J］. 科技管理研究，2016（1）：79-84.

制不合情理，从实际操作层面来讲还可能会导致职务科技成果使用、处置利益主体多元化、复杂化，妨碍科技成果的实施，也不利于甚至阻碍科技成果转移转化。他们认为，在促进科技成果转化的过程中，应更加注重政策的适宜性与改革的稳健性①。

徐兴祥（2017）认为高校推行的职务科技成果混合所有制改革实质上是法律意义上的职务科技成果专利权共有制。他运用洛克的劳动理论、康德和黑格尔的人格理论、马克思的劳动价值论论证了其公平性，运用科斯定理等经济学理论论证了其效率性。结果表明，无论是从法律孜孜以求的公平，还是从当代法律应当兼顾的效率来说，职务科技成果专利权共有制都理所当然，而民法的共有制度为职务科技成果专利权共有制度提供了制度基础。不仅如此，职务科技成果专利权共有制度还具有促进高校科技成果的有效转化、有利于高校国有无形资产保值增值的实践价值。因此，我国应当建立和完善国家投资的高校、科研院所职务科技成果的专利权共有制度②。

潘晓宇（2017）对西南交通大学职务科技成果混合所有制实施细则进行了解读，认为新的实施细则力图解决实际执行中可能出现的一系列实际问题。他对实施细则中解决问题的思路和规定进行了梳理，对职务科技成果转化过程中学校控制力、学校署名权、学校介入权、操作便利、线程控制等未见的潜在问题进行了分析，这些分析有利于职务科技成果混合所有制的落实③。

刘凤等（2017）利用产权理论分析了职务科技成果权属混合所有制改革的必要性和理论逻辑。产权理论认为只要存在交易费用，清晰、明确的产权制度就是必需的。基于此，高校科技成果的权属要采用混合所有制的

---

① 陈柏强，刘增猛，詹依宁. 关于职务科技成果混合所有制的思考［J］. 中国高校科技，2017（2）：130-132.

② 徐兴祥，饶世权. 职务科技成果专利权共有制度的合理性与价值研究［J］. 中国高校科技，2019（5）：87-90.

③ 潘晓宇，马霖. 实施职务科技成果混合所有制的相关问题［J］. 中国高校科技，2017（2）：124-126.

方式，给予高校和发明人之间权利配置的自由，要让高校与发明人之间约定权属比例，给予发明人在合法的范围内能够接受的合理权属比例，进而提高其进行科技成果转化的积极性。西南交通大学的科技成果混合所有制符合产权理论逻辑，具有一定的合理性①。

张文斐（2019）运用经济分析方法，以雇员与雇主的投资成本为分析工具，对职务科技成果混合所有制这一新型权属模式进行研究，根据"成本-收益"博弈结果做出最优制度选择。研究发现：职务科技成果混合所有制的使用，可以降低交易成本，避免发生公地悲剧②，防止国有资产流失。职务科技成果混合所有制的优化，应结合劳动关系，合理界定职务科技成果，健全权属纠纷解决机制，完善具体政策实施细则，以实现社会效用最大化③。

张铭慎（2017）认为制约高校科技成果转化的重要因素是高校科技成果的国有资产属性，认为高校面临着"专利权等国有无形资产越严格管理越实质流失"的"国资魔咒"。他对成都实施职务科技成果混合所有制改革、破除"国资魔咒"措施进行了分析。分析发现，成都通过承认职务科技成果特殊属性、实施所有权确权激励等方式，实现了科研人员和高校在权利与动力上的激励相容。针对改革不合规、细节不完善、政策不配套、机制不健全等问题，他建议着力完善法律法规、规范技术入股程序、健全内部转移机构等措施，推动技术创新持续健康发展④。

丁明磊（2018）对成都、武汉等城市，以及西南交通大学等高校探索

---

① 刘凤，张明瑶，康凯宁，等.高校职务科技成果混合所有制分析 [J].中国高校科技，2017（9）：16-20.

② 公地悲剧也指公共资源悲剧，也称哈定悲剧。它最初由哈定提出。1968 年，哈定（Garrit Hadin）在《科学》杂志上发表了一篇文章，题为"The Tragedy of the Commons"。北京大学教授张维迎将之译成《公共地悲剧》，但哈定文中的"the commons"不仅仅指公共的土地，而且包括公共的水域、空间等不具有排他性但具有竞争性的部分公共物品。哈定描述的"The Tragedy of the Commons"，即过度开发公共资源一定会导致市场失灵。

③ 张文斐.职务科技成果混合所有制的经济分析 [J].软科学，2019（5）：51-51，64.

④ 张铭慎.如何破除制约入股型科技成果转化的"国资诅咒"？[J].经济体制改革，2017（6）：116-123.

职务科技成果权属混合所有制改革的具体做法进行了梳理。他认为，加强科技成果产权对科技人员的长期激励是进一步深化科技体制改革的重要内容。职务科技成果权属混合所有制的探索有一定积极意义。与美国、日本等发达国家相比，我国关于科技成果处置权在科研单位与科技人员之间的权利划分仍然缺乏制度性的突破。丁明磊认为，我们要客观认识和解决政策实施过程中的诸多问题。一方面，我们必须明晰深化改革方向和政策思路，健全技术创新市场导向机制和技术创新激励机制，从个体激励转向系统激励，从放权让利转向完善制度构建；根据《国家创新驱动发展战略纲要》和《深化科技体制改革实施方案》确定的科技体制改革的总路线方针，结合改革发展的阶段性目标，围绕"扩大高校和科研院所自主权"和"健全促进科技成果转化的机制"，通盘考虑和推进科技成果归属权益改革的方向和重点，对地方改革和试点取得的成效要进行科学精准评价，对改革实施中存在的深层次问题要有清醒的认识。另一方面，我们需要通过改革探索和试验切实加强科技成果产权对科技人员的长期激励①。

彭泽龙（2019）认为职务科技成果混合所有制可以提高高校科研人员从事成果转化的积极性，降低高校科研管理人员的管理风险性，解决高校中制约科技成果转化的深层次问题和障碍。同时，他提出科学确权，早期分割，权益共享，责任共担，根据高校特征确定相应的职务科技成果所有权权属比例，加大处置权和收益权改革力度，鼓励科技成果在重点区域、重点领域转化等完善职务科技成果混合所有制的对策②。

陈桂兵（2019）从法哲学角度分析职务科技成果混合所有制改革的正当性，对职务科技成果混合所有制改革作出了深层次的理论解释。首先，他从主要政策依据、高校成果转化效果、主要特点、现实可能等方面归纳职务科技成果混合所有制改革的现状及难点；其次，他从正当性的法哲学

---

① 丁明磊.地方探索职务科技成果权属混合所有制改革的思考与建议［J］.科学管理研究，2018（1）：17-20，45.
② 彭泽龙.探索高校职务科技成果混合所有制改革的思考［J］.经营管理，2019（12）：76-77，86.

概念、高校职务科技成果概念、高校科技成果国有资产概念等方面做了理论阐述；最后，他从职务科技成果的投入、职务科技成果的权属、职务科技成果权属的经济模式、职务科技成果混合所有制改革的可能性与现实性等方面讨论其正当性。结果表明，职务科技成果混合所有制改革具有全面、科学、系统的正当性，值得继续探索和创新①。

第三节　国内职务科技成果转化模式研究

从现有文献看，关于科技成果转化的文献较多，这些文献主要是针对职务科技成果转化模式进行的研究。研究内容主要包括：第一，科技成果转化模式的类型；第二，科技成果转化模式的利弊分析；第三，科技成果转化模式的影响因素；第四，科技成果转化模式选择研究。科技成果转化模式是指将现有科技成果转化为现实生产力的运作方式。当前，我国科技成果转化模式主要有 4 种：自行投产模式、技术转让模式、委托开发模式和联合开发模式。

一、职务科技成果转化模式选择研究

宋东林等（2010）对科技成果转化进行了定义，认为科技成果转化就是把科技活动的成果转变为现实生产力，即促使科技成果商品化、产业化的过程。影响科技成果转化的因素众多，但影响程度不同。其中，管理体制和经费投入是 2 个最重要的因素。这些因素的相互作用，构成科技成果的转化模式。宋东林对美国、英国、日本、加拿大等发达国家的转化模式进行了介绍，并借鉴国外经验提出了促进科技成果转化的策略建议：完善高校内部科技成果转化组织和转化制度、构建多元化科技投融资体系、构

---

① 陈桂兵. 高校职务科技成果混合所有制正当性分析［J］. 中国多媒体与网络教学学报，2019（11）：83-86.

建利于转化的高校内部评价与激励机制、建立合理的利益分配机制、加快科技成果转化方面的政策法规建设。他们提出了成果转化的 4 个途径：一是通过高校或企业实施转化；二是通过建立转化中心实施转化；三是通过科技中介机构实施转化；四是通过国际合作实施转化①。

周训胜（2011）将我国高校科技成果转化模式分为高校自办产业模式、高校与企业直接合作模式、技术孵化-增长极模式 3 大类型。他对上述 3 种模式各自的弊端进行了剖析并提出以下建议：加强政策引导，完善技术市场；加大知识产权保护力度；加大资金投入，推动高校科技成果产业化；规避风险，增强技术可信度；以市场运作代替行政运作等②。

杨栩、于渤（2012）认为科技成果转化效果主要受转化主体、转化技术和转化环境的影响，不同特征的科技成果应选择不同的转化模式。在分析应用科技成果影响因素的基础上，他们运用运筹学中的网络最小费用、最大流量的网络规划求解算法，在众多的转化途径中找出转化收益最大而投入又最少的转化途径作为科技成果转化模式，以帮助科技成果转化主体进行模式选择。他们提出了创造良好转化环境、促进科研市场导向、增加科技成果转化需求等促进中国科技成果转化的对策建议③。

王雪原等（2015）认为政府介入科技成果转化的方式主要包括科技成果选择、科技成果论证、科技成果立项 3 种，并针对不同介入方式，提出了差异化评审、转化率统计与考核、可转化论证、已有成果后续筛选、公共基金支持、对接单位匹配条件优化立项、对接主体培育、科技管理工作系统整合、服务打包与系统解决方法供给等多种管理方法。这些建议可以为深入理解科技成果转化、规范与完善政府科技管理行为、促进科技成果落地转化提供有效的理论指导与决策支持④。

---

① 宋东林，付丙海. 再论我国高校科技成果转化 [J]. 科技管理研究，2010（8）：18-21.
② 周训胜. 我国高校科技成果转化模式研究 [J]. 福州大学学报（哲学社会科学版），2011（1）：104-107.
③ 杨栩，于渤. 中国科技成果转化选择研究 [J]. 学习与探索，2012（8）：106-108.
④ 王雪原，王宏起，李长云. 促进科技成果转化的政府行为研究 [J]. 科技进步与对策，2015（11）：5-9.

欧晓斌等（2016）将职务科技成果转化过程分为4个阶段：第一阶段为科技成果形成阶段，第二阶段为科技成果与科研机构资源匹配的阶段，第三阶段是科技成果规模化转移转化的模式选择阶段，第四阶段是科技成果转化的执行阶段。第四阶段包含了众多操作性因素，相较前几个阶段而言更为复杂。在此基础上，他们认为科研机构在寻找一种适合自身的科技成果转化模式前，需要细致考虑众多注意事项，分析不同影响因素和细节变化，并研究它们之间的可能关系。同时，不同科技成果转化模式自身存在的使用边界和固有缺陷，使得科研机构选择有效的科技成果转化模式成为一件十分困难的事情，并且选择成本会随着判断的复杂性而成倍增加。因此，对于大型科研机构而言，创建一种新型的、战略层面的科技成果转化模式成为必然的选择[①]。

陈光华等（2016）根据互动机制的正式性与动态性，构建了高技术研究机构与成果转化企业互动的象限模型，提出了一体式、合同式、平台式3种科技成果转化模式。他们对这些模式的特点进行了比较，认为一体式高技术研究机构成果转化的主要方式是衍生企业，合同式高技术研究机构成果转化的主要方式是技术转移，平台式高技术研究机构成果转化的主要方式是知识溢出[②]。

李飞（2017）提出通过互联网构建线上和线下兼容的"互联网+科技成果"转化模式，认为互联网科技转化平台可以有效促进知识共享、加强供需对接、提高效率和有效促进产学研合作。赵旭（2013）对大学科技城成果转化的模式进行了研究，认为我国大学科技城技术转移模式主要包括衍生企业模式、公共实验室模式、"带土移植"模式、"风险资本早期介入"模式。他认为衍生企业模式对创新科技成果转化具有促进作用，公共实验室模式会有效促进科技成果转化，"带土移植"模式对难以创新科技

---

① 欧晓斌，李玲娟，霍国庆. 科研机构科技成果规模化转化模式研究 [J]. 管理现代化，2016（3）：108-113.

② 陈光华，王烨. 知识基础视角的高技术研究机构研发组织模式分析 [J]. 科学管理研究，2016（20）：78-82，87.

成果转化具有促进作用，"风险资本早期介入"模式对专利科技成果转化具有促进作用。因此，他认为应针对不同大学科技城科技成果选择不同的成果转化模式[①]。

胡俊等（2019）应用博弈分析模型重点研究科技成果转化率、商业化成本等因素对高校科技成果转化的影响。他们构建了企业与高校合作的演化博弈支付矩阵，考虑了商业成本和科技成果转化率等因素的影响，求得了双方合作博弈的演化均衡解，并通过仿真与案例分析研究了高校和企业科技成果转化率的不同对高校选择科技成果转化模式的影响[②]。

罗林波等（2019）认为技术转移与成果转化是有区别的。技术转移是一个国际通用的外来词，主要是指专利技术或技术秘密推广、扩散，成果转化主要指知识创新和科研成果转化为生产力，如知识传播、技术集成、应用和产品化等。他们认为，我国高校主要的科技成果转化模式有 3 种。①知识产权运营。知识产权运营指知识产权许可、转让、作价投资、质押融资或证券化。②合作开发及产业化，即跟现有公司合作，将零部件或材料研发等技术与现成产品对接，改善产品性能或降低产品成本等。③自行转化或产业化。教师根据国家政策并依托职务科技成果成立公司，进行产业化运营。他们介绍了中国地质大学探索并总结的 5 种转化模式：科技成果（知识产权）直接转化孵化公司、科技成果（知识产权）与企业需求对接、重大科技成果包（专利包）转化、组建学科性公司、专利包运营（许可/转让)[③]。

杨斌等（2019）对中国科学院等具有代表性的国家级科研机构重大科技成果转化模式进行了介绍。这些机构的成果具有引领前沿科学技术进步、直接服务国家战略需求、有力支撑经济社会发展等特点，是货真价实

---

① 李飞，黄柯鑫."互联网+"视角下高校科技成果转化模式 [J]. 中国高校科技，2017（11）：10-12.

② 胡俊，吴君明，盛永祥，等.基于演化博弈的高校科技成果转化模式选择研究 [J]. 科技管理研究，2019（24）：63-71.

③ 罗林波，王华，郝义国，等.高校科技成果转移转化模式思考与实践 [J]. 中国高校科技，2019（10）：17-20.

的硬科技。科技成果转化应该采取以下 3 种模式。一是战略牵引产业互动模式，即围绕国家战略任务，确立研发目标、探索技术路线、实现成果产业化。二是科创企业衍生孵化模式，这是因为国家级科研机构的科技成果属于高端创新成果，外部性很强，难以直接通过知识产权转让、技术开发、技术咨询、技术服务获得技术能力的提升。因此，由相关成果衍生设立科技企业，通过孵化和投资进行成果转化的模式较为有效。三是大科学装置依托模式，即主要依托大科学装置建造工程进行创新成果转化，依托大科学装置实验进行科技成果转化①。

二、职务科技成果转化机制及途径研究

翟天任等（2012）在分析了科技成果转化的含义，剖析了高校科技成果转化存在的主要问题基础上，基于协同管理理论，提出了高校科技成果转化的 3 种模式，即自办产业模式、产学合作模式和创新网络模式。同时，他们提出了建立"产学政"三位一体的合作机制、建立风险投资机制、建立技术市场中介机构、构建"政产学研用协同创新管理平台"、建立有效的激励机制等基于协同管理的促进高校科技成果转化的策略②。

谷德斌等（2012）将基础创新的过程分为 4 个阶段：技术研发阶段、技术转化阶段、技术应用（商业化）阶段、技术扩散阶段。他们认为高校科技成果转化一般是应用技术方面的科技成果和经济管理方面的一部分科技成果，在技术市场上所进行的有偿转让并能够产生相应的经济效益。制约高校科技成果转化的因素包括：①高校科研观念滞后，跟不上时代发展的步伐；②高校科技成果与现实需求存在差距；③信息不通畅，这在一定程度上抑制了高校科技成果的转化；④高校科技成果转化的风险机制不健全。想要解决高校科技成果转化率低的问题，高校需要更新观念，形成有

---

① 杨斌，肖尤丹. 国家科研机构硬科技成果转化模式研究［J］. 科学学研究，2019（12）：2149-2156.

② 翟天任，李源. 高校科技成果转化的协同管理路径研究［J］. 科技进步与对策，2012（22）：44-47.

利于科技成果转化的运行机制、激励机制和考核机制，为科技成果转化提供内在驱动力。同时，我们也要借助政府和社会的力量，构建有利于科技成果转化的外部环境，为高校科技成果转化提供外在驱动力①。

杨雅婷（2015）分析了高校科技成果权属和成果转化的法律关系，应用博弈模型对高校科技成果转化的动力条件进行了分析。研究结果表明，要想提高高校进行成果转化的积极性，一方面需要提高高校的成果转化收益，高转化成功率、高技术使用费、低交易成本下的高利润对高校有足够大的吸引力；另一方面需要加强对高校进行成果转化的激励，缩小与不转化时科研奖励的差距，增强高校成果转化的动力。企业不会拒绝高校进行成果转化的条件是：企业预期可得的转化收益足够大；成本（包括技术使用成本和交易成本）足够低，至少要能被可得收益覆盖。技术交易模式下的技术使用费以及商业合作模式下的利润分成，对于企业和高校都十分重要。因此，他们认为，提高转化成功率和转化利润、降低交易成本是关键，并提出了完善高校科技成果转化机制的建议②。

李昶等（2016）对高校专利转化模式选择的影响机制进行了研究，从专利转化模式的视角确立了需求导向的概念，分析了需求导向对高校专利转化模式的作用机理。他们梳理了高校专利转化的典型模式与演化路径，并借由典型模式之间的对比分析以及模式演化路径的特点分析，构建了高校专利转化模式选择的影响机制及模型。结果表明，高校专利转化模式的选择应该与其影响因素以及各环节之间前后衔接，应结合高校自身的发展状况，尤其应注重协同创新与专利转化模式的有效融合③。

谢江林等（2017）认为在以协同转化为主要模式的高校科技成果转化中，委托代理问题是影响高校科技成果转化动力与成功度的主要障碍。他

---

① 谷德斌，尹航，杨贵彬.高校科技成果转化驱动模式研究［J］.科技进步与对策，2012（13）：24-28.

② 杨雅婷.法经济视角下高校科技成果转化促进机制探析［J］.理论与改革，2015（4）：154-159.

③ 李昶，唐恒，金玉成，等.高校专利转化模式选择影响机制及演化模型［J］.中国科技论坛，2016（4）：76-82.

们认为，如果要解决委托代理问题，需要在科学的契约设计基础上提供有效的激励制度。为此，他们讨论了在引入科技中介机构的情况下，高校与科技中介机构在信息对称与信息不对称情形中的委托代理关系以及由此引发的对科技中介机构的激励问题。谢江林等通过构建委托代理关系模型，并引入博弈论的思想进行模型求解，得到信息对称与信息不对称情形下的激励契约方案，同时通过契约实施的结果比较分析为设计与优化高校科技成果转化中的激励机制提供了启示①。

刘启雷等（2018）分析了高校科研院所基础研究成果转化的基本模式；他们以西安市为例，提出了基于生态系统观构建高校科研院所成果转化生态系统的内容要素和驱动模型。他们认为，成果转化生态是包括研发生态、商业生态、产业生态与环境规制相互作用而构成的复杂系统。他们认为，应该健全高校科研院所成果转化的顶层设计，从制度层面设计成果转化的机制，从而促进研发人员大胆寻求外部研发协作并进行前沿技术探索，推进科研人员收益分配制度改革，完善并落实科研人员股权激励机制，鼓励重大技术创新成果先行试点股权激励，完善生态观念下的知识产权管理制度，完善科研成果认定标准，建立创新创意及成果转化管理办法；实施成果分级、分类认定，突出关键和核心技术创新成果价值；构建技术标准跟踪机制，鼓励研发机构引进国际前沿技术标准。高校成果转化权利配置方式无疑是最根本的因素，而处置权和收益权的配置模式又是权利配置中最关键、最核心的要素。如何科学配置高校职务科技成果转化权利，以提升科技成果转化效率一直是学者们研究的热点问题②。

郭英远等（2018）从理论角度论述当高校拥有自主处置和收益权之后，其内部应该如何配置科技成果转化权利，以提升成果转化绩效，并据此提出3个研究假设；他们以美国常春藤大学的科技成果转化权利配置为

---

① 谢江林，刘曦喻，登科姜，等. 高校科技成果协同转化中的激励机制［J］. 南昌大学学报（理科版），2017（1）：97-102.
② 刘启雷，郭鹏，李苗，等. 高校科研院所基础研究成果转化生态系统构建研究［J］. 科学管理研究，2018（3）：24-27.

实证案例，基于对美国大学成果转化权利配置方式来分析并验证 3 个研究假设的有效性；研究结果表明，学校委托专业成果转化团队主导处置成果，能降低成果转化中信息、谈判、契约等交易成本，有利于提高成果转化效率；发明人及团队参与成果转化处置，能降低成果转化中信息交易成本，有利于提高成果转化效率；高校在学校、学院（系）、发明人及团队、专业成果转化团队间建立激励兼容的收益共享模式，能以利益为纽带将 4 个利益相关者连接起来，各司其职，共同致力于提高成果转化效率①。

三、职务科技成果转化效果评价研究

吴飞鸣等（2013）对农业科技成果转化进行了研究，并借鉴前人的研究成果，构建了一个由项目投入、项目过程、项目产出、项目效果 4 个大类指标、9 个亚类指标和 27 个单项指标构成的评价指标体系。他们运用综合评价方法，对"十一五"期间我国农业科技成果转化资金所涉及的不同技术领域进行了绩效评价和比较研究。从不同技术领域的农业科技成果转化资金绩效综合评价来看，种植业发展是农业经济发展的重要内容，国家对于种植业技术领域的农业科技成果转化资金的重视程度明显高于其他技术领域。种植业技术领域在各技术领域的农业科技成果转化资金绩效综合指数排名中一直名列第一，绩效综合指数平均值达到 90.50，高出各技术领域平均水平的 20.56%；排名第二的是农产品加工技术领域，其农业科技成果转化资金绩效平均值也达到 80.02。畜牧业、林业、农业装备等技术领域虽然也排名靠前，但仍低于各技术领域平均水平②。

胡炎等（2014）在对我国科研院校科技成果转化现状分析的基础上，对影响科技成果转化的影响因素进行了梳理，应用因子分析与回归分析方法确定影响科技成果转化的环境因素，这些因素包括科研院校的科研能

① 郭英远，张胜，杜垚垚. 高校职务科技成果转化权利配置研究［J］. 科学学与科学技术管理，2018（4）：18-34.

② 吴飞鸣，孙传范，王敬华. 农业科技成果转化资金分技术领域绩效评价［J］. 中国农业科技导报，2013（4）：72-77.

力、科研成果转化投入、科技成果本身的成熟度以及科技成果转化的环境因素4大影响因素。他们根据这些因素构建科研院校科技成果转化效果的评价指标体系，并提出提高科研院校科技成果转化效率的对策①。

林青宁等（2019）基于2008—2016年高校微观面板数据，通过网络DEA模型对其科技成果转化效率进行测度并探索其空间收敛性，进而基于创新生态系统的视角，构建空间误差模型以实证检验高校科技成果转化效率的影响因素。研究结果表明：①高校科技成果转化效率处于较低水平，其空间相关性显著；东部地区高校科技成果转化效率显著高于中西部地区高校科技成果转化效率，空间集聚效应有减弱趋势，这导致中西部高校科技成果转化效率无追赶东部地区的趋势；②政府资金对高校科技成果转化效率提高有显著的促进作用，且2012年以前的促进作用更为显著；企业资金对高校科技成果转化效率的影响在2008—2012年不显著，在2013—2016年有显著正向影响；其他资金对高校科技成果转化效率有不显著的负向影响；③高级职称人员能够显著促进高校科技成果转化效率，2012年以来奖励评价机制有了一定改善②。

钱学程等（2019）对科技成果转化政策实施效果进行了研究。他们借鉴前人关于科技成果转化政策实施效果评价的经验，从供给和需求两个方面构建科技成果转化政策实施效果的评价指标体系。钱学程等利用北京市2009—2015年相关统计年鉴的数据，对其政策实施效果进行了评估分析，并从落实供给政策、优化科技资源配置，改革需求政策、提升科技成果转化能力，完善环境政策、营造有利的科技成果转化环境3个方面提出相应的对策建议③。

① 胡炎，周红，白振宇.科研院校科技成果转化的评价体系研究［J］.天津大学学报（社会科学版），2014（4）：321-325.
② 林青宁，毛世平.高校科技成果转化效率研究［J］.中国科技论坛，2019(5)：144-151，162.
③ 钱学程，赵辉.科技成果转化政策实施效果评价研究［J］.科技管理研究，2019（15）：48-55.

第四节　国外职务科技成果权属改革及转化模式研究

刘朝晖等（2012）对美国、英国、日本、德国等西方发达国家职务科技成果权属政策进行了研究。日本政府为加快国内高校科技成果的转化进程，先后制定和颁布了一系列旨在促进高校科技成果转化的法律和法规。例如，日本在1998年实施并在2002年再次修改了《关于促进大学等的研究成果向民间企业转让的法律》。该法律出台的主要目的是想促进大学等国家科研机构通过技术转让机构（TLO）尽快、有效地把其科研成果转让给民间企业，以促进科技成果转化和推动国民经济持续健康发展。此外，为了加强大学和企业之间的联系，降低科技成果转化过程中的信息不对称性，日本大学普遍成立TLO；美国政府自1980年起就把科技成果转化纳入相关部门的职责，制定了一系列促进科技成果转化的政策、法案。1980年实施的《拜杜法》就是其中主要的法案之一，该法案的主要内容是允许美国各高校、非营利机构和小型企业拥有联邦政府所资助的科研成果的知识产权，同时可申请专利和进行独家技术转让。设立成果转化的专门服务机构，是为了照顾科研各方的利益，美国各高校都制定了合理的利益分配机制。借鉴国外经验，刘朝晖提出了成立专门机构协调政府、企业和高校间的关系，完善相关法律、法规，制定合理的收益分配机制，营造知识产权保护环境，加强知识产权保护，加强产学研合作和大学科技园建设等建议①。

陈俐等（2016）对英国促进科技成果转移转化模式进行了研究。英国近年来大力推进科技成果产业化，提出并实施了两大举措：一是成立了英国国家技术创新中心；二是构建了高校产学研创新体系。英国促进科技成

---

① 刘朝晖，常思亮，胡洁. 国外高校科技成果转化的成功经验及其启示［J］.科技管理研究，2012（20）：108-111.

果转移转化的主要路径有 3 个：一是以政府为主导，实现国家关键领域的重大产业攻关；二是以高校为本，实现创新高地的科技成果与经济相结合；三是坚持功能联动，注重人才培养与激励，实现科技成果的有效转化。英国促进科技成果转移转化的经验对我国具有借鉴意义，我国应从构建产业创新战略联盟、建立国家级技术创新中心、引导高校企业化运作技术中介机构、加强高校技术转移人员队伍建设、深化科技成果奖励制度改革等方面促进科技成果的转移转化。英国科技成果转移转化的经验启示是：第一，强化顶层设计，建设符合创新规律的国家级技术创新中心；第二，注重问题导向，构建新型产业技术创新战略联盟；第三，充分利用市场机制，引导高校企业化运作技术中介机构；第四，重视人才培养，加强高校技术转移人员队伍建设[1]。

窦珍珍等（2017）从职务成果所有权和收益权两个方面对比介绍了美国、英国、日本、以色列、德国等发达国家职务科技成果权属制度安排的先进经验。国外总体上倾向于将职务科技成果所有权和收益权给予发明人，这有利于科技成果的转化和应用，使其社会效益最大化。同时，他们对我国职务科技成果权属改革历程进行了梳理和阐述。我国职务科技成果的改革趋势是逐渐由国家所有向承担单位所有和发明人个人所有转变，成果所有权重心逐渐下移，将成果转化的更多收益下放到成果创造人，能够激发全社会进行科技创新的热情。他们认为中国职务发明制度存在所有权不清晰和收益分配操作细则不明确的问题。因此我国应通过法律进一步明确科技成果所有权，规范收益分配政策的操作细则，建立以市场为导向的成果转化新机制，实现国家、科研单位和科研人员的"多赢"[2]。

张翼等（2018）对美国斯坦福大学职务科技成果转化处置权和收益权配置进行了研究。他们对美国斯坦福大学的研究发现，技术转移办公室

---

① 陈俐，冯楚健，陈荣，等.英国促进科技成果转移转化的经验借鉴 [J].科技进步与对策，2016（15）：9-14.
② 窦珍珍，顾新，王涛.国外职务发明成果转化经验及启示 [J].中国科技论坛，2017（7）：176-183.

（OTL）由学校统一管理，向学校负责。技术转移办公室一方面对本校技术研究成果非常了解，另一方面对企业的高新技术需求也非常了解。因此技术转移办公室会通过主动对接科技成果的供给与需求，将学校与技术市场紧密对接，这种处置方式实现了发明人和技术转移办公室之间的协调合作，提高了科技成果转化效率。斯坦福大学科技成果转化收益首先将总收益的15%分配给技术转移办公室，这笔费用主要用于该部门的转化奖励、专利申请、专利保护等。其余收益为科技成果转化净收益，斯坦福大学职务科技成果转化转移收益在大学、学院（系、实验室）、发明人团队，以及技术转移办公室之间按照固定比例进行分配。在成果转化中，虽然4个利益主体的目标函数不尽相同，并且相互关联、各有所长、相互作用、难以替代，但其共同目标是获取经济效益。斯坦福大学通过利益纽带将其连接在一起并设置了合理的收益分配比例，从而形成了与激励兼容的收益分配模式。斯坦福大学的职务科技成果转化实践经验给我们的启示是：大学应建立专业化、市场化与组织化的二级科技成果商业化管理部门，通过将科技成果的处置权进行授权与委托管理，实现科技成果转化的统一管理；应该将科技成果转化的核心利益主体——学校、学院、发明人及团队、技术转移部门等均纳入科技成果收益分配之中，通过建立相对均衡的分配比例，以实现各类利益主体的激励兼容[1]。

李晓慧等（2018）对日本高校科技成果转化模式的研究发现，日本高校科技成果转化工作主要靠设立的专门机构（TLO）运作完成。自1998年日本政府颁布实行TLO制度以来，日本高校设立并经政府审核认可的TLO机构已有50家，并主要分布在研究型大学。成果转化专门机构类型主要有内部组织型、单一外部型、外部独立型等形式。这给中国的启示是：要明确高校科技成果转化工作机构的职责，重视高校科技成果转化工作机构的人员配备、专业培训，加大经费支持力度，为高校科技成果转化提供良好

---

① 张翼，王书蓓. 美国斯坦福大学职务科技成果转化处置权和收益权配置研究［J］. 科学管理研究，2018（6）：111-115.

的资金基础①。

韩小腾等（2019）选取牛津大学、剑桥大学、卡迪夫大学、清华大学、上海交通大学、中山大学作为研究对象，并采用对比分析的方法，对英国促进高校科技成果转化的做法进行了研究。他们通过对6所高校在科研竞争力和科技成果转化政策、方法与模式等方面的对比分析，剖析英国对科研管理体制和科研评估系统的创新改革举措与成效。他们借鉴英国的经验和做法，针对我国高校科技成果转化体系中存在的问题提出了对策及建议②。

谢智敏等（2019）对中美两国的职务科技成果转化收益制度进行了比较研究，针对我国职务科技成果转化利益分配制度安排存在的问题，提出了我国高校建立科技成果转化收益分配机制的具体意见③。

这些研究提出了我国职务科技成果权属改革基本思路和改革方向，也为我们开展高校职务科技成果权属改革研究提供了很多的建议。

---

① 李晓慧，贺德方，彭洁. 日本高校科技成果转化模式及启示 [J]. 科技导报，2018（2）：8-12.
② 韩小腾，严会超，郑鹏，等. 中英高校科技成果转移转化比较研究及经验借鉴 [J]. 科技管理研究，2019（7）：121-126.
③ 谢智敏，安贺意，范晓波，等. 北京"双一流"建设高校专利实施许可分析 [J]. 中国高校科技，2019（8）：26-29.

第二章　我国职务科技成果权属的法律规则

目前，我国形成了相对完整的科技成果权属政策体系，也对职务科技成果权属进行了较为严格的管理。

第一节　职务科技成果的法律界定

《中华人民共和国专利法》第六条规定："执行本单位的任务或者主要是利用本单位的物质技术条件所完成的发明创造为职务发明创造。"《中华人民共和国促进科技成果转化法》第二条第一款规定："本法所称科技成果，是指通过科学研究与技术开发所产生的具有实用价值的成果。职务科技成果，是指执行研究开发机构、高等院校和企业等单位的工作任务，或者主要是利用上述单位的物质技术条件所完成的科技成果。"上述法条对科技成果和职务科技成果作出了明确的界定，也说明职务科技成果是科技成果的一部分，虽与其他科技成果仅产生原因不同，但范围完全相同。

通过梳理国内科学研究和技术开发促进及保护的现行法律规定，我们认为科技成果的范围应为：发明创造（发明、实用新型和外观设计）、作品（是指受著作权法保护的文学、艺术和自然科学、社会科学、工程技术等作品，涉及科学成果转化的作品主要变现为工程设计图、产品设计图、地图、计算机软件，但并不局限于上述列举）、集成电路布图设计、植物新品种以及其他可以认定为科技成果的技术成果。

第二节　我国职务科技成果权属的相关法律规定

目前，世界各国关于职务发明的立法模式主要有两类。一是通过知识产权法进行规定，这主要是通过专利法（或者知识产权法典、工业产权法典）及其实施细则等知识产权立法中对职务发明的定义、权利归属、奖励报酬等作出较为原则的规定，我国和英国、法国、日本、韩国基本采用这一模式。二是制定专门的雇员发明法，德国通过专门的《雇员发明法》对职务发明的报告制度、权利归属、奖励报酬、单位与发明人的权利义务、纠纷解决等问题作出全面、详尽的规定。这一立法模式相对而言对发明人权益的保护较为充分。相应地，企业和其他创新主体的管理成本较高，德国、芬兰、挪威等欧洲国家采取了专门立法的模式。其中，以德国的《雇员发明法》为典型代表，该法详尽规定了职务发明的各项制度，对德国企业的创新和知识产权管理产生了很大影响。

一、资产管理相关法律政策

1.《中华人民共和国企业国有资产法》中的相关规定

于 2008 年 10 月 28 日由第十一届全国人民代表大会常务委员会第五次会议通过，并于 2009 年 5 月 1 日起施行的《中华人民共和国企业国有资产法》中第二条规定"本法所称企业国有资产（以下称国有资产），是指国家对企业各种形式的出资所形成的权益"，第三条规定"国有资产属于国家所有即全民所有。国务院代表国家行使国有资产所有权"。这说明由国家财政投资所形成的科技成果是国有无形资产，属于国家所有，但企事业单位可以占有、使用。单位承担财政资金资助项目是由国家出资完成的，其形成的科技成果也属于国有资产的范畴，所以这类科技成果的所有权属于国家或全民所有。

2.《事业单位国有资产管理暂行办法》中的相关规定

《事业单位国有资产管理暂行办法》中第三条规定"本办法所称的事业单位国有资产，是指事业单位占有、使用的，依法确认为国家所有，能以货币计量的各种经济资源的总称，即事业单位的国有（公共）财产。事业单位国有资产包括国家拨给事业单位的资产，事业单位按照国家规定运用国有资产组织收入形成的资产，以及接受捐赠和其他经法律确认为国家所有的资产，其表现形式为流动资产、固定资产、无形资产和对外投资等"。这说明职务科技成果是作为无形资产的形式成为事业单位国有资产的组成部分。该暂行办法第五条规定"事业单位国有资产实行国家统一所有，政府分级监管，单位占有、使用的管理体制"。这说明职务科技成果的权属为国家所有。该暂行办法第五十六条规定"国家设立的研究开发机构、高等院校对其持有的科技成果，可以自主决定转让、许可或者作价投资，不需报主管部门、财政部门审批或者备案，并通过协议定价、在技术交易市场挂牌交易、拍卖等方式确定价格。通过协议定价的，应当在本单位公示科技成果名称和拟交易价格。国家设立的研究开发机构、高等院校转化科技成果所获得的收入全部留归本单位"。这说明，科技成果作为无形资产，国家设立的研究开发机构、高等院校可以对其执行以下政策：一是对其持有的科技成果，可以自主决定转让、许可或者作价投资，不须报主管部门、财政部门审批或备案，并通过协议定价、在技术交易市场挂牌交易、拍卖等方式确定价格；二是科技成果转化所获得的收入全部留归本单位；三是将其持有的科技成果转让、许可或者作价投资给国有全资企业的，可以不进行资产评估；转让、许可或者作价投资给非国有全资企业的，由单位自主决定是否进行资产评估。

3.《事业单位会计准则》中的相关规定

于 2012 年 12 月 5 日修订并于 2013 年 1 月 1 日起施行的《事业单位会计准则》第二十一条规定"无形资产是指事业单位持有的没有实物形态的

可辨认非货币性资产，包括专利权、商标权、著作权、土地使用权、非专利技术等"。由此可见，国有资产管理方面的法律政策都将财政资金形成的科技成果作为国有资产，属于国家所有，法人单位拥有科技成果的使用权、处置权。

二、科技领域法律政策

目前我国现行科技领域法律法规明确规定，财政资金形成的科技成果属于国家或项目承担单位。

1.《中华人民共和国科学技术进步法》中的相关规定

于 1993 年 7 月 2 日第八届全国人民代表大会常务委员会第二次会议修订通过，并于 2007 年 12 月 29 日第十届全国人民代表大会常务委员会第三十一次会议第一次修订、2021 年 12 月 24 日第十三届全国人民代表大会常务委员会第三十二次会议第二次修订的《中华人民共和国科学技术进步法》第三十二条规定："利用财政性资金设立的科学技术计划项目所形成的科技成果，在不损害国家安全、国家利益和重大社会公共利益的前提下，授权项目承担者依法取得相关知识产权，项目承担者可以依法自行投资实施转化、向他人转让、联合他人共同实施转化、许可他人使用或者作价投资等。"这说明利用国家财政资金或科学技术计划项目获得的科技成果，其权属为"授权项目承担者"，而不是单位法人或项圆承担单位，但该法对于利用单位物质条件形成的职务科技成果权属没有明确规定。

2.《中华人民共和国促进科技成果转化法》中的相关规定

由全国人民代表大会常务委员会于 1996 年 5 月 15 日发布，自 1996 年 10 月 1 日起施行，于 2015 年 8 月 29 日修订的《中华人民共和国促进科技成果转化法》第二条规定"职务科技成果，是指执行研究开发机构、高等院校和企业等单位的工作任务，或者主要是利用上述单位的物质技术条件所完成的科技成果"。这虽然对职务科技成果的概念作出了明确的定义，但未就其权属作出明确规定；该法第三条规定"科技成果转化活动应当尊重市场规律，发挥企业的主体作用，遵循自愿、互利、公平、诚实信用的原则，依照法律法规规定和合同约定，享有权益，承担风险"。该法第十七条规定"国家鼓励研究开发机构、高等院校采取转让、许可或者作价投资等方式，向企业或者其他组织转移科技成果"。这说明科技成果转化的主体是企业或国家设立的研究开发机构、高等院校等单位，而不是个人。该法第十八条规定"国家设立的研究开发机构、高等院校对其持有的科技成果，可以自主决定转让、许可或者作价投资，但应当通过协议定价、在技术交易市场挂牌交易、拍卖等方式确定价格"。这一规定明确了国家设立的研究开发机构、高等院校等单位对科技成果转化的自主权；而在科研人员对职务科技成果的权益方面，该法第十九条规定"国家设立的研究开发机构、高等院校所取得的职务科技成果，完成人和参加人在不变更职务科技成果权属的前提下，可以根据与本单位的协议进行该项科技成果的转化，并享有协议规定的权益"，"科技成果完成人或者课题负责人，不得阻碍职务科技成果的转化，不得将职务科技成果及其技术资料和数据占为己有，侵犯单位的合法权益"。同时，该法第四十二条还明确规定"职工不得将职务科技成果擅自转让或者变相转让"。这说明国家设立的研究开发机构、高等院校职务科技成果的权属是不能变更的，只能属于单位。这种规定甚至放弃了《中华人民共和国专利法》中部分职务发明创造（职务科技成果）单位和发明人可以约定权属的规则，而是通过科技成果完成人在科技成果优先转化和协议报酬中体现"合同优先"原则。

3.《中华人民共和国专利法》中的相关规定

于1984年3月12日第六届全国人民代表大会常务委员会第四次会议通过，并分别在1992年、2000年、2008年进行三次修订的《中华人民共和国专利法》第六条规定，"执行本单位的任务或者主要是利用本单位的物质技术条件所完成的发明创造为职务发明创造。职务发明创造申请专利的权利属于该单位；申请被批准后，该单位为专利权人"，即财政资金资助形成的科技成果，其权属仍属于单位所有。对于利用单位物质技术条件所完成的发明创造，《中华人民共和国专利法》规定"利用本单位的物质技术条件所完成的发明创造，单位与发明人或者设计人订有合同，对申请专利的权利和专利权的归属作出约定的，从其约定"。这说明单位可以与发明人或者设计人通过合同约定专利权的归属，充分体现了"合同优先"原则。

4.《中华人民共和国著作权法》中的相关规定

于1990年9月7日第七届全国人民代表大会常务委员会第十五次会议通过，并分别在2001年、2010年、2020年三次修订的《中华人民共和国著作权法》规定，"自然人为完成法人或者非法人组织工作任务所创作的作品是职务作品……著作权由作者享有，但法人或者非法人组织有权在其业务范围内优先使用。作品完成两年内，未经单位同意，作者不得许可第三人以与单位使用的相同方式使用该作品"。同时该法又规定"有下列情形之一的职务作品，作者享有署名权，著作权的其他权利由法人或者非法人组织享有，法人或者非法人组织可以给予作者奖励：（一）主要是利用法人或者非法人组织的物质技术条件创作，并由法人或者非法人组织承担责任的工程设计图、产品设计图、地图、示意图、计算机软件等职务作品；（二）报社、期刊社、通讯社、广播电台、电视台的工作人员创作的职务作品；（三）法律、行政法规规定或者合同约定著作权由法人或者非法人组织享有的职务作品"。这说明对于职务作品，作者享有署名权，著作权的其他权利由法人或者其他组织享有，法人或者其他组织可以给予作者奖励。对于上述职务作品以外的其他职务作品，其著作权由作者享有，单位在其业务范围内有优先使用权。

除这些法律之外，我国科技领域的其他法律法规也有一些规定，如2001年10月1日起施行的《集成电路布图设计保护条例》、2013年修订的《计算机软件保护条例》、2014年修订的《中华人民共和国植物新品种保护条例》及实施细则等都将执行单位任务以及主要利用单位物质技术条件完成的发明都划为职务科技成果，明确规定财政资金形成科技成果的权属归单位所有，单位可以对完成这些成果的科研人员进行奖励。

显然，在这类法律法规中，财政资金形成科技成果所有权的归属于承担单位是毋庸置疑的，单位对其持有的科技成果享有占有权、使用权、处置权和收益分配权。

三、其他相关法律

1999 年 10 月 1 日起施行的《中华人民共和国合同法》第三百二十六条规定："职务技术成果的使用权、转让权属于法人或者其他组织的，法人或者其他组织可以就该项职务技术成果订立技术合同。法人或者其他组织应当从使用和转让该项职务技术成果所取得的收益中提取一定比例，对完成该项职务技术成果的个人给予奖励或者报酬。法人或者其他组织订立技术合同转让职务技术成果时，职务技术成果的完成人享有以同等条件优先受让的权利。职务技术成果是执行法人或者其他组织的工作任务，或者主要是利用法人或者其他组织的物质技术条件所完成的技术成果。"这表明，不是所有的职务技术成果的使用权和转让权都归属于单位。但该法对于哪些职务科技成果所有权属于单位没有明确规定。

综上所述，中国现行法律法规对科技成果一直遵循的规则是，职务科技成果的所有权属于项目承担单位，这对国有科研机构、高校而言更是如此。所以高校和科研院所对其承担的政府资助项目的科技成果可以依法获得所有权，并拥有对科技成果的使用权、处置权和收益分配权。

第三节　与职务科技成果权属相关的政策归纳

政策是指国家政权机关、政党组织和其他社会政治集团为了实现自己所代表的阶级、阶层的利益与意志，以权威形式标准化地规定在一定的历史时期内，应该达到的奋斗目标、遵循的行动原则、完成的明确任务、实行的工作方式、采取的一般步骤和具体措施。政策分为对内政策和对外政策，本书所述的职务科技成果权属的相关政策规定主要是指对内政策，它们往往是通过各类公文予以表达，比如说各类通知、意见、指示等。这些政策在其有效期内是有较强的约束效力的，但相较于法律而言，政策的制定以及修改程序更加灵活、简便，因此其适用时间往往也较短。本书整理了我国近年来与职务科技成果权属相关的各级各类代表性政策文件。

一、国家层面的政策

2016 年 2 月 26 日，《国务院关于印发实施〈中华人民共和国促进科技成果转化法〉若干规定的通知》文件中明确了 3 个方面（促进研究开发机构、高等院校技术转移；激励科技人员创新创业；营造科技成果转移转化良好环境）16 个具体内容作为落实《中华人民共和国促进科技成果转化法》，打通科技与经济结合的通道，促进大众创业、万众创新，鼓励研究开发机构、高等院校、企业等创新主体及科技人员转移转化科技成果，推进经济提质增效升级的措施。

2016 年 4 月 21 日，国务院办公厅印发《促进科技成果转移转化行动方案》，该方案明确了 8 个方面（①开展科技成果信息汇交与发布；②产学研协同开展科技成果转移转化；③建设科技成果中试与产业化载体；④强化科技成果转移转化市场化服务；⑤大力推动科技型创新创业；⑥建设科技成果转移转化人才队伍；⑦大力推动地方科技成果转移转化；⑧强化科技成果转移转化的多元化资金投入）26 项重点任务，对实施促进科技成果转移转化行动作出了全面部署。

2016 年 11 月 7 日，中共中央办公厅、国务院办公厅印发了《关于实行以增加知识价值为导向分配政策的若干意见》，该意见制定和实施的基本思路是："全面贯彻党的十八大和十八届三中、四中、五中全会以及全国科技创新大会精神，深入学习贯彻习近平总书记系列重要讲话精神，加快实施创新驱动发展战略，实行以增加知识价值为导向的分配政策，充分发挥收入分配政策的激励导向作用，激发广大科研人员的积极性、主动性和创造性，鼓励多出成果、快出成果、出好成果，推动科技成果加快向现实生产力转化。统筹自然科学、哲学社会科学等不同科学门类，统筹基础研究、应用研究、技术开发、成果转化全创新链条，加强系统设计、分类管理。充分发挥市场机制作用，通过稳定提高基本工资、加大绩效工资分配激励力度、落实科技成果转化奖励等激励措施，使科研人员收入与岗位职责、工作业绩、实际贡献紧密联系，在全社会形成知识创造价值、价值创造者得到合理回报的良性循环，构建体现增加知识价值的收入分配机制。"该意见从"强化科研机构、高校履行科技成果转化长期激励的法人责任；完善科研机构、高校领导人员科技成果转化股权奖励管理制度；完善国有企业对科研人员的中长期激励机制；完善股权激励等相关税收政策"这4个方面加强科技成果产权对科研人员的长期激励。

2018年5月29日，《财政部 税务总局 科技部关于科技人员取得职务科技成果转化现金奖励有关个人所得税政策的通知》明确规定：自2018年7月1日起，依法批准设立的非营利性研究开发机构和高等学校（以下简称非营利性科研机构和高校）根据《中华人民共和国促进科技成果转化法》规定，从职务科技成果转化收入中给予科技人员的现金奖励，可减按50%计入科技人员当月"工资、薪金所得"，依法缴纳个人所得税。（其中：科技成果是指专利技术（含国防专利）、计算机软件著作权、集成电路布图设计专有权、植物新品种权、生物医药新品种，以及科技部、财政部、税务总局确定的其他技术成果。科技成果转化是指非营利性科研机构和高校向他人转让科技成果或者许可他人使用科技成果。现金奖励是指非营利性科研机构和高校在取得科技成果转化收入三年（36个月）内奖励给科技人员的现金。）

2018年7月18日，国务院发布《关于优化科研管理提升科研绩效若干措施的通知》，该通知明确通过5个方面（优化科研项目和经费管理；完善有利于创新的评价激励制度；强化科研项目绩效评价；完善分级责任担当机制；开展基于绩效、诚信和能力的科研管理改革试点）的政策措施共20条具体内容来建立和完善以信任为前提的科研管理机制，实现减轻科研人员负担、充分释放创新活力、调动科研人员的积极性、大力提升原始创新能力和关键领域核心技术攻关能力的目标。

2018年12月23日，《国务院办公厅关于推广第二批支持创新相关改革举措的通知》中明确提出，京津冀、上海、广东（珠三角）、安徽（合芜蚌）、四川（成德绵）、湖北武汉、陕西西安、辽宁沈阳8个区域和有关省市、部门，在知识产权保护、科技成果转化激励、科技金融创新、军民深度融合、管理体制创新等方面先行先试、大胆创新，取得了一批改革突破和可复制推广的经验。该通知决定在更大范围内复制推广这些区域的经验。具体推广的改革举措（共23项），其中涉及职务科技成果的主要有：知识产权保护方面5项；科技成果转化激励方面4项；管理体制创新方面3项。主要的改革举措①见表2-1。

表2-1　主要的改革举措

序号	改革内容	具体内容	推广范围
一、知识产权保护（职务科技成果绝大部分以知识产权保护作为成果保护重要手段，因此本部分5条措施均纳入职务科技成果保之中）			
1	知识产权民事、刑事、行政案件"三合一"审判	整合分散的审判资源，实行知识产权民事、刑事、行政案件审判"三合一"，实现审判力量集中、审判标准统一，提高审判效率，缩短审判周期	全国
2	省级行政区内专利等专业技术性较强的知识产权案件跨市（区）审理	授权市级人民法院跨市（区）管辖省级范围内第一审知识产权民事和行政案件，集中优势审判资源管辖技术性、专业性较强的案件，实现裁判标准统一	全国
3	以降低侵权损失为核心的专利保险机制	围绕专利应用和维权，开发包括专利代理责任险、专利执行险、专利被侵权损失险等保险产品，降低创新主体的侵权损失	全国
4	知识产权案件审判中引入技术调查官制度	法院审理知识产权案件时，可以引入技术调查官，帮助法官准确高效地认定技术事实，提高审判质量和效率	全国

---

① 此部分内容是对文件《国务院办公厅关于推广第二批支持创新相关改革举措的通知》中第二批支持创新相关改革举措推广清单内容删减得出，内容本身没有修改，只是增加了一些说明。

表2-1(续)

序号	改革内容	具体内容	推广范围
5	基于"两表指导、审助分流"的知识产权案件快速审判机制	法官助理庭前指导原被告双方聚焦问题,指导原被告双方填写诉讼要素表和有效抗辩释明表,帮助原告全面检视己方诉讼请求和证据,向原被告双方释明裁判法律依据;庭审时法官主要审理上述两个表格中的焦点问题,大幅减少反复释明法律规定和讨论原被告双方的无效主张、抗辩质证的时间,提高庭审效率,缩短诉讼周期	全国
二、科技成果转化激励方面(其中8个改革试验区域的举措是对现有法律规定内容的调整,因此仅在试点区域内实验,以成果为法律内容调整做基础,也是对国内部分省市探索的职务科技成果权属改革成果的政策肯定)			
6	以事前产权激励为核心的职务科技成果权属改革	赋予科研人员一定比例的职务科技成果所有权,将事后科技成果转化收益奖励,前置为事前国有知识产权所有权奖励,以产权形式激发职务发明人从事科技成果转化的重要动力	8个改革试验区域
7	技术经理人全程参与的科技成果转化服务模式	以技术交易市场为依托,技术经理人全程参与成果转化,将技术供给方、技术需求方、技术中介整合在一起,集成技术、人才、政策、资金、服务等创新资源,帮助高校、科研院所提高成果转化效率和成功率	全国
8	技术股与现金股结合激励的科技成果转化相关方利益捆绑机制	转制院所和事业单位管理人员、科研人员,在按有关规定履行审批程序后,以"技术股+现金股"组合形式持有股权,与孵化企业发展捆绑在一起,提升科技成果转化效率和成功率	全国
9	"定向研发、定向转化、定向服务"的订单式研发和成果转化机制	以校地产业研究院为平台,有针对性地为企业设计和实施研发项目,研发团队全程参与企业技术攻关和成果转化,帮助企业突破发展急需的关键技术,提高高校和科研院所科技成果供给的有效性	全国

表2-1(续)

序号	改革内容	具体内容	推广范围
三、管理体制创新方面（此部分内容是对职务科技成果管理的创新推动，尤其是第十项对于高校内的僵尸职务科技成果转化有着重要的实践价值）			
10	允许地方高校自主开展人才引进和职称评审	将职称评审和人才引进自主权下放给地方高校，允许高校因需评聘科研教学人员，自主制定招聘方案、设置岗位条件，依规发布招聘信息、组织公开招聘，及时引进"高精尖缺"人才和稳定骨干人才	8个改革试验区域
11	以授权为基础、市场化方式运营为核心的科研仪器设备开放共享机制	在不改变所有权前提下，科研仪器设备所有方与专业服务机构协议约定服务价格，或约定服务收入分配比例，授权专业服务机构对科研仪器设备进行市场化运营管理，提高科研仪器设备使用效率（免税进口的科研仪器设备按有关政策规定执行）	全国
12	以地方立法形式建立推动改革创新的决策容错机制	通过制定实施地方性法规，对政府部门、国有企业负责人在推动战略性新兴产业发展和实施创新项目中出现工作过失或影响任期目标实现的，只要没有谋取私利、符合程序规定，可免除行政追责和效能问责	全国

2019年1月3日，中共中央及国务院在其发布的《中共中央 国务院关于坚持农业农村优先发展做好"三农"工作的若干意见》文件中第二部分"夯实农业基础，保障重要农产品有效供给"中的第四点"加快突破农业关键核心技术"中明确提出："加强农业领域知识产权创造与应用。加快先进实用技术集成创新与推广应用。建立健全农业科研成果产权制度，赋予科研人员科技成果所有权，完善人才评价和流动保障机制，落实兼职兼薪、成果权益分配政策。"[①]

2019年7月31日，科技部、教育部、国家发展改革委、财政部、人力资源社会保障部和中科院联合印发《关于扩大高校和科研院所科研相关

---

① 参见《中共中央、国务院关于坚持农业农村优先发展做好"三农"工作的若干意见》。

自主权的若干意见》的通知，该意见适用于中央部门所属高校和中央级科研院所，要求主管部门按照中央改革精神和政事分开、管办分离的原则，组织所属高校完善章程，推动科研院所制定章程，科学确定不同类型单位的职能定位和权利责任边界。该意见从"完善机构运行管理机制""优化科研管理机制""改革相关人事管理方式""完善绩效工资分配方式""确保政策落实见效"等方面出台了具体措施，支持高校和科研院所依法依规行使科研相关自主权，充分调动单位和人员积极性创造性，增强创新动力活力和服务经济社会发展能力，为建设创新型国家和世界科技强国提供有力支撑。

二、各地方有代表性的政策

1. 北京市

2014 年 1 月 13 日，北京市发布《加快推进高等学校科技成果转化和科技协同创新若干意见（试行）》，全文共十条，简称"京校十条"。其主要内容包括：开展高等学校科技成果处置权管理改革；开展高等学校科技成果收益分配方式改革；建立高等学校科技创新和成果转化项目储备制度；加大对高等学校产学研用合作的经费支持力度；支持高等学校开放实验室资源；支持高等学校建设协同创新中心；支持高等学校搭建国际化科技成果转化合作平台；鼓励高等学校科技人员参与科技创新和成果转化；鼓励在高等学校设立科技成果转化岗位；制定高等学校在校学生创业支持办法。

2014 年 6 月 9 日，北京市又发布《加快推进科研机构科技成果转化和产业化的若干意见（试行）》，全文共九条，简称"京科九条"。其主要内容包括：深化科技成果管理改革；推进科研资产管理改革；深化财政经费管理改革；强化科研人员激励机制；加强对科研机构新技术新产品的应用和推广；优化科技金融服务环境；支持科研机构深入开展协同创新；完善科研机构成果转化平台；广泛开展国际交流与合作。

2018 年 4 月，教育部科技司、中关村管委会联合发布了《关于促进在京高校科技成果转化实施方案》，宣布推出建设技术转移办公室、建设概念验证中心、鼓励在京高校建立科技成果转化基金等 12 项举措。同时该方案提出，将在中关村试点建设多处高校技术转移办公室，教育部科技司和中关村管委会联合开展认定和授牌，支持技术转移办公室以市场化方式引进专业人才，开展科技成果统计汇总、筛选评估和转化服务，强化专利管理与运营，有效疏通科技成果转化源头。

2018 年 10 月，北京市政府出台《新时代推动首都高质量发展人才支撑行动计划（2018—2022 年）》，该计划聚焦科技成果转移转化骨干人才培养，实施 20 条出入境政策和中关村"国际引才用才 20 条"等，为国际人才"进得来、留得住、干得好、融得进"创造政策条件。

2018 年 11 月 30 日，北京市启动《北京市促进科技成果转化条例》立法工作，该法经三次审议，于 2019 年 11 月审议并表决全票通过。在立法过程中，北京前期政策的优势内容大多经稳定上升为法律规定，该条例对于职务科技成果的相关规定在国内有着较强的引导性和示范作用。

2. 上海市

2015 年 5 月，中共上海市委、上海市人民政府印发《关于加快建设具有全球影响力的科技创新中心的意见》（以下简称"科创 22 条"）。该意见将完善科技成果转移转化机制作为五项体制机制创新之一，下放高校和科研院所科技成果的使用权、处置权、收益权，允许高校和科研院所科技成果转化收益归属研发团队所得比例不低于 70%。同年 11 月，上海市人民政府办公厅印发《关于进一步促进科技成果转移转化的实施意见》，并将其作为"科创 22 条"的实施细则之一。

2017 年 6 月 20 日，上海市人民政府办公厅发布《上海市促进科技成果转移转化行动方案（2017—2020）》。该方案重点强调了专业化技术转移机构示范、国际技术转移渠道布局、特色成果转化平台建设、科技成果转化人才培养等内容，并强调要开展科技成果转化服务体系建设。

2019 年 3 月，上海市政府发布《关于进一步深化科技体制机制改革增强科技创新策源能力的意见》（以下简称"科创 25 条"），该意见允许单位和科研人员共有成果所有权，鼓励单位授予科研人员可转让的成果独占许可权，试点取消职务科技成果资产评估、备案管理程序。

3. 天津市

2015年12月，天津市教委、天津市财政局共同制定《天津市高等学校科技成果转化奖励项目专项资金管理办法》，本办法是为规范和加强天津市高等学校科技成果转化奖励项目专项资金管理、提高资金使用效率而制定的。天津市教委、天津市财政局共同制定《天津市高等学校科技成果转化奖励项目管理办法》，本办法是为了推动天津市高等学校加快实施创新驱动发展战略，促进科技与经济的结合，健全科技创新体系、人才支撑体系和成果转化机制，提升该市高等学校服务经济社会发展的能力和水平而制定的。

2017年6月，天津市科学技术委员会（现为"天津市科学技术局"）制定出台《关于促进科技成果转移转化的行动方案》，该方案明确支持高校院所重点实验室与企业重点实验室开展联合攻关，继续推进高校院所成果转移机构建设，引导高校院所与海内外一流成果转移转化机构合作，支持科技领军企业，牵头高校院所以及上下游企业，组建产学研用创新联盟，引导科技领军企业、龙头骨干企业与高校院所互设协同创新实验室。

2017年11月，天津市科学技术委员会（现为"天津市科学技术局"）编制了《天津市技术转移示范机构管理办法（试行）》，该办法是为了加快技术转移体系建设，促进技术转移机构健康发展，推动科技成果转化，加快京津冀科技协同创新而制定的。

2017年12月，天津市科学技术委员会（现为"天津市科学技术局"）编制了《天津市技术转移体系建设方案》，该方案明确从基础架构、转移通道、支撑保障3个方面建设和完善天津市技术转移体系。该方案提出"发挥企业、高校、科研院所等创新主体在推动技术转移中的重要作用，以统一开放的技术市场为纽带，以技术转移机构和人才为支撑，加强科技成果有效供给与转化应用，推动形成紧密互动的技术转移网络"。

2018年8月，天津市科学技术委员会（现为"天津市科学技术局"）

编制了《天津市科技成果转化再支持实施细则（试行）》，科技成果转化再支持的目的是通过对天津市科技计划支持形成的科技成果的转化情况进行评价评估，择优给予支持，推动企业、高校、科研院所加大成果转移转化力度，降低成果产业化风险，推动科技成果加速转化为现实生产力。

4. 四川省

2014 年，四川省印发了《培育企业创新主体专项改革方案》和《激励科技人员创新创业专项改革方案》。其后，中共四川省委全面深化改革领导小组办公室下发了《关于激励科技人员创新创业专项改革试点的意见》和《激励科技人员创新创业专项改革试点总体工作方案》。《关于激励科技人员创新创业专项改革试点的意见》确定了四川省农业科学院、四川省畜牧科学研究院、四川省机械研究设计院 3 家省属院所，西南科技大学、西南石油大学、攀枝花学院 3 所省属高校和达州市宣汉县作为试点单位，从科技人员兼职取酬、离岗转化科技成果和创办领办科技企业、科研成果转化的收益分配、转制院所的创新发展、科研项目单位内部管理等方面，制定了改革试点突破性政策。其主要包括以下 9 个方面的内容。一是允许科技人员兼职取酬。允许试点单位科技人员在完成岗位任务的前提下，经所在单位批准，在四川内兼职从事技术研发、产品开发、技术咨询、技术服务等成果转化活动，以及在四川内创办、领办科技型企业，并取得相应合法股权或薪资。兼职中获得的专利等知识产权，按有关法律法规规定或事前约定享有相应的权益，同等条件下兼职科技人员拥有优先受让权和被许可权。二是鼓励科技人员离岗转化科技成果、创办领办科技型企业。允许试点单位科技人员经所在单位批准，离岗在川转化科技成果或创办、领办科技型企业，3 年内可保留人事关系，工龄连续计算，薪级工资按规定正常晋升，保留其原聘专业技术岗位等级，不影响职称评定。三是增设科技成果转化推广岗位。试点单位可增设成果转化推广岗位，将转化推广业绩作为岗位考核管理和职称评聘中的重要内容之一。在四川内创办科技型企业取得突出成效，或在科技成果转化中贡献突出的科技人员，可破格评聘相应专业技术职称。四是加大知识产权在考核评价中的比重。获得国内外授权发明专利可作为其主要发明人（设计人）科研绩效考核和职称晋升的依据。鼓励个人独立非职务发明，所形成的非职务性科研成果或授权专利，可与所在单位约定纳入对个人的考核评价和职称评定。获得中国专利金奖、优秀奖以及省专利奖的主要发明人（设计人）可以破格申报相关专业技术职称。五是放宽科技成果处置权限。允许试点单位自主处置科技成果在四川内的合作实施、转让、对外投资和实施许可等事项，报主管部门和财政部门备案。试点单位职务科技成果未能适时转化的，科技成果完成人在不变更职务科技成果权的前提下，可与本单位协议在四川内进行转化，并享有协议约定的权益。六是落实促进科技成果转化的收益分配政策。认真贯彻执行"高等学校、科研院所科技人员（包括担任行政领导职务的科技人员）职务科技成果转化的收益，按至少70%的比例划归成果完成人及其团队所有。重视大学生和科技人员创新创业成果知识产权保护，其自主研发的科技成果转化，收益100%归研发者及其团队所有"的激励政策，按规定划归成果完成人及其团队的科技成果转化收益不纳入单位绩效工资总额管理。七是鼓励职务科技成果作价入股或有偿转让。鼓励试点单位在科技成果作价入股的企业、国有控股的院所转制企业、高新技术企业实施企业股权激励以及分红激励。鼓励单位和个人依法采取专利入股、质押、转让、许可等方式促进专利实施，以专利权作价入股的，最高可占公司注册资本的70%。八是全面落实《四川省专利保护条例》中"一奖两酬"的规定。奖励和报酬可以采取定额方式或者其他方式一次性给付，标准应当不低于国家有关规定。职务发明由单位自行实施转化的，在专利有效期内，每年应从实施该发明专利或者实用新型专利的营业利润中提取不低于5%作为报酬支付给发明人或者设计人；转让、许可他人实施专利或者以专利出资入股的，给予发明人或者设计人的报酬应不低于转让费、许可费中或者出资比例的20%。九是推进转制科研院所深化改革。组建国有、科技人员、战略合作者持股的股份制企业，为更好调动科技人员积极性，有贡献的科技人员持股比例较高，管理层、技术骨干相对持大股。建立企业法人治理结构，按《中华人民共和国公司法》构建企业董事会、监事会。建立现代企业制度，完善创新创业激励机制，提高科技成果转化收益中科技人员所得部分的比例。这些措施，对激励科技人员创新创业起到了非常积极的作用。

2015 年，四川省首次将"开展职务科技成果权属混合所有制改革试点"写入《中共四川省委关于全面创新改革驱动转型发展的决定》。

2016 年 5 月，四川省成都市率先出台了《促进国内外高校院所科技成果在蓉转移转化若干政策措施》（以下简称"成都新十条"）。其主要内容包括：一是支持在蓉高校院所开展职务科技成果权属混合所有制改革，二是支持在蓉高校院所开展科技成果处置权改革，三是支持在蓉高校院所开展科技成果收益权改革，四是支持国内外高校院所在蓉建设新型产业技术研究院，五是推动在蓉高校院所与区（市）县共建环高校院所成果转化区，六是鼓励建立市场化的技术转移机构、知识产权交易机构和科技成果评价机构，七是鼓励高校院所科技人才和大学生创新创业，八是拓宽高校院所科技人才创新创业融资渠道，九是支持在蓉高校院所共建研发创新平台并开放共享创新服务资源，十是鼓励高校院所开展鼓励科技成果转化的相关制度改革。2016 年 11 月，中共四川省委办公厅和四川省人民政府办公厅联合下发《四川省激励科技人员创新创业十六条政策的通知》，对加大创新创业人才引进支持力度、完善引进创新创业人才配套服务、扩大企事业单位引进创新创业人才自主权、加大高层次人才创新创业支持力度、扩大企事业单位薪酬分配自主权、鼓励科技人员离岗创新创业、提高科技人员成果转化收益比例、允许担任领导职务科技人员获得成果转化奖励、允许单位与职务发明人约定职务科技成果权属、实行科技成果转化风险免责政策、扩大横向项目经费使用自主权、扩大科技计划项目承担单位经费使用自主权、改进科研人员因公临时出国管理、支持未上市国有科技型企业开展股权和分红激励、完善科技人员职称评定和岗位聘用、推进中央在川单位执行激励政策等方面作出了详细的规定，进一步明确提高科技人员成果转化收益比例，允许单位与职务发明人约定职务科技成果权属。2016 年 12 月，在激励科技人员创新创业的基础上，四川省科技厅、四川省发展改革委等部门印发《四川省职务科技成果权属混合所有制改革试点实施方案》，明确在西南交通大学、四川大学等 20 家高校院所，率先开展改革试点，探索开展"先确权，后转化"的有效机制，推动形成体现增加价值的收入机制，建立职务科技成果处置管理的有效方式。2016 年年底四川省成都市科技局联合市委组织部、市教育局、市财政局等 8 部门制定了"成都新十条"的配套文件《关于支持在蓉高校院所开展职务科技成果混合所有制改革的实施意见》，针对职务科技成果含义、职务科技成果知识产权分割确权模式、确权流程等方面制定了具体的操作规范。四川省还出台了《关于创新要素供给培育产业生态提升国家中心城市产业能级科技成果转化政策措施的实施细则》（主要用于激发高校内生动力和活力，推进产业链、创新链、资金链的有机融合）、《成都市关于鼓励知识产权成果进场交易的若干措施》（旨在加快建设科技成果技术交易市场、促进知识产权成果进场交易、支持知识产权成果成交后产业化）。

2018 年 11 月，四川省科技厅等部门联合出台了《关于扩大职务科技成果权属混合所有制改革试点的指导意见》，该意见明确将试点单位扩大到四川省内创新成果多、基础条件好、改革积极性高的 45 家高等院校、科研院所、科技型企业、医疗卫生机构，同时支持未纳入试点范围的高等院校、科研院所、院所转制企业参照此意见执行。该意见提出，坚持问题导向、创新导向、市场导向和成果导向，探索深化"先确权、后转化"的有效模式、探索确权后科技成果处置管理的有效方式、探索实行以增加知识价值为导向的分配政策、探索建立改革试点容错纠错免责机制等。

2020 年 1 月四川省科学技术厅等 6 部门印发《关于扩大高校和科研院所科研自主权的若干政策措施》，通过 5 个方面（建立体现创新质量、贡献、绩效的科研人员激励机制；持续加大科研领域"放管服"改革力度；改革相关人事管理方式；完善机构运行管理机制；改进科技创新保障服务工作）17 条具体规定明确了在全省范围内进一步扩大高校和科研院所科研自主权，建立完善以信任为前提的科研管理机制。

第四节　我国相关政策法律对职务科技成果权属的确认

本书认为，职务科技成果是指发明创造（发明、实用新型和外观设计）、作品（是指受著作权法保护的文学、艺术和自然科学、社会科学、工程技术等作品，涉及科学成果转化的作品主要表现为工程设计图、产品设计图、地图、计算机软件，但并不局限于上述列举）、集成电路布图设计、植物新品种以及其他可以认定为科技成果的技术成果。对职务科技成果权属的确认应在《中华人民共和国促进科技成果转化法》以及规范科技成果其他表现形式的具体法律法规中查明。经过整理，职务科技成果主要反映在以下法律规定之中。

《中华人民共和国促进科技成果转化法》第十九条规定："国家设立的研究开发机构、高等院校所取得的职务科技成果，完成人和参加人在不变更职务科技成果权属的前提下，可以根据与本单位的协议进行该项科技成果的转化，并享有协议规定的权益。该单位对上述科技成果转化活动应当予以支持。科技成果完成人或者课题负责人，不得阻碍职务科技成果的转化，不得将职务科技成果及其技术资料和数据占为己有，侵犯单位的合法权益。"这条规定对职务科技成果转化设置的"在不变更职务科技成果权属的前提下"的条件，排除了个人拥有职务科技成果所有权的可能。

《中华人民共和国专利法》第六条规定："执行本单位的任务或者主要是利用本单位的物质技术条件所完成的发明创造为职务发明创造。职务发明创造申请专利的权利属于该单位，申请被批准后，该单位为专利权人。非职务发明创造，申请专利的权利属于发明人或者设计人；申请被批准后，该发明人或者设计人为专利权人。利用本单位的物质技术条件所完成的发明创造，单位与发明人或者设计人订有合同，对申请专利的权利和专利权的归属作出约定的，从其约定。"这条规定明确了单位为职务发明专利权人。

《中华人民共和国著作权法》第十八条规定："自然人为完成法人或者非法人组织工作任务所创作的作品是职务作品，除本条第二款的规定以外，著作权由作者享有，但法人或者非法人组织有权在其业务范围内优先使用。作品完成两年内，未经单位同意，作者不得许可第三人以与单位使用的相同方式使用该作品。有下列情形之一的职务作品，作者享有署名权，著作权的其他权利由法人或者非法人组织享有，法人或者非法人组织可以给予作者奖励：（一）主要是利用法人或者非法人组织的物质技术条件创作，并由法人或者非法人组织承担责任的工程设计图、产品设计图、地图、计算机软件等职务作品；（二）报社、期刊社、通讯社、广播电台、电视台的工作人员创作的职务作品；（三）法律、行政法规规定或者合同约定著作权由法人或者非法人组织享有的职务作品。"这条规定明确了职务作品中作者有署名权，但其他权利归属法人或者非法人组织享有。

《计算机软件保护条例》第十三条规定："自然人在法人或者其他组织中任职期间所开发的软件有下列情形之一的，该软件著作权由该法人或者其他组织享有，该法人或者其他组织可以对开发软件的自然人进行奖励：（一）针对本职工作中明确指定的开发目标所开发的软件；（二）开发的软件是从事本职工作活动所预见的结果或者自然的结果；（三）主要使用了法人或者其他组织的资金、专用设备、未公开的专门信息等物质技术条件所开发并由法人或者其他组织承担责任的软件。"这条规定明确了职务开发软件的著作权由开发者任职的法人或者其他组织享有。

《集成电路布图设计保护条例》第九条规定："布图设计专有权属于布图设计创作者，本条例另有规定的除外。由法人或者其他组织主持，依据法人或者其他组织的意志而创作，并由法人或者其他组织承担责任的布图设计，该法人或者其他组织是创作者。由自然人创作的布图设计，该自然人是创作者。"这条规定明确了由法人或者其他组织主持，依据法人或者其他组织的意志而创作，并由法人或者其他组织承担责任的布图设计，该法人或者其他组织是创作者，享有布图设计专有权。

《中华人民共和国植物新品种保护条例》第七条规定："执行本单位的

任务或者主要是利用本单位的物质条件所完成的职务育种，植物新品种的申请权属于该单位；非职务育种，植物新品种的申请权属于完成育种的个人。申请被批准后，品种权属于申请人。委托育种或者合作育种，品种权的归属由当事人在合同中约定；没有合同约定的，品种权属于受委托完成或者共同完成育种的单位或者个人。"这条规定明确了职务育种的植物新品种申请权属于单位，申请被批准后，品种权属于申请人，即单位。

依上述现有法律、行政法规的规定来看，职务科技成果的所有权只能属于"单位""法人或其他组织"，并不归属于职务科技成果研发个人。但现行法律、行政法规的规定给予了通过协议将职务科技成果转让给职务科技成果研发个人的可能，这主要表现在以下法律规定之中。

《中华人民共和国合同法》第三百二十六条规定："职务技术成果的使用权、转让权属于法人或者其他组织的，法人或者其他组织可以就该项职务技术成果订立技术合同。法人或者其他组织应当从使用和转让该项职务技术成果所取得的收益中提取一定比例，对完成该项职务技术成果的个人给予奖励或者报酬。法人或者其他组织订立技术合同转让职务技术成果时，职务技术成果的完成人享有以同等条件优先受让的权利。职务技术成果是执行法人或者其他组织的工作任务，或者主要是利用法人或者其他组织的物质技术条件所完成的技术成果。"这条规定明确了"法人或者其他组织"订立技术合同转让职务技术成果时，职务技术成果的完成人享有以同等条件优先受让的权利。

《中华人民共和国促进科技成果转化法》第十九条明确了国有研究开发机构、高等院校对职务科技成果转化时不能变更成果权属的规定，但并未对非国有研究机构通过协议等方式变更成果所有权归属做出明确限制。

《中华人民共和国科学技术进步法》第三十二条规定："利用财政性资金设立的科学技术计划项目所形成的科技成果，在不损害国家安全、国家利益和重大社会公共利益的前提下，授权项目承担者依法取得相关知识产权，项目承担者可以依法自行投资实施转化、向他人转让、联合他人共同实施转化、许可他人使用或者作价投资等。项目承担者应当依法实施前款规定的知识产权，同时采取保护措施，并就实施和保护情况向项目管理机构提交年度报告；在合理期限内没有实施且无正当理由的，国家可以无偿实施，也可以许可他人有偿实施或者无偿实施。项目承担者依法取得的本条第一款规定的知识产权，为了国家安全、国家利益和重大社会公共利益的需要，国家可以无偿实施，也可以许可他人有偿实施或者无偿实施。项目承担者因实施本条第一款规定的知识产权所产生的利益分配，依照有关法律法规规定执行；法律法规没有规定的，按照约定执行。"这条规定对"项目承担者"的法律权益作出了明确的规定，但对"项目承担者"究竟是项目承担单位还是主持项目的负责人没有作出明确的划分，因而在"无偿实施"时，项目主持人或科技成果的发明人的权益可能会受到影响。

一些地方法规也对职务科技成果也有很多新的探索，基于下位法不得违背上位法规定的原则，并没有从根本上突破职务科技成果的权属设定，但这些探索将为相关法律的修订作出了很好的尝试，这主要表现在2020年1月1日正式生效的《北京市促进科技成果转化条例》。该条例第九条规定："政府设立的研发机构、高等院校，可以将其依法取得的职务科技成果的知识产权，以及其他未形成知识产权的职务科技成果的使用、转让、投资等权利，全部或者部分给予科技成果完成人，并同时约定双方科技成果转化收入分配方式。前款规定的情况不得损害国家安全、国家利益、社会公共利益。"这条规定明确了在不损害国家安全、国家利益、社会公共利益的前提下，政府设立的研发机构、高等院校可以将其依法取得的职务科技成果的知识产权全部或者部分给予科技成果完成人，并同时约定双方科技成果转化收入分配方式。虽然这条规定并未突破职务科技成果权属归于单位的原则，但给予了"政府设立的研发机构、高等院校"这类单位为了促进科技成果转化灵活性处理权属转让以及利益分割的权限。该条例第十一条规定："政府设立的研发机构、高等院校持有的职务科技成果，在不变更权属的前提下，科技成果完成人可以与本单位依法签订协议实施转化。单位自职务科技成果在本单位登记后无正当理由超过一年未组织实施转化的，科技成果完成人可以自行投资实施或者与他人合作实施转化，单位应当对科技成果完成人的科技成果转化活动予以支持、配合。"这条规定明确了协议实施职务科技成果转化的条件，同时也限制了单位怠于转化科技成果的处理办法。

现有的国家级以及地方层面的政策，也均在其职权范围内努力探索促进职务科技成果转化、消除僵尸成果的办法。2016年11月，中共中央办公厅、国务院办公厅印发了《关于实行以增加知识价值为导向分配政策的若干意见》，明确提出"探索赋予科研人员科技成果所有权或长期使用权"，旨在充分体现科技人员的智力劳动价值。2019年7月，科技部、教育部、发展改革委、财政部、人力资源社会保障部和中科院联合印发《关于扩大高校和科研院所科研相关自主权的若干意见》，明确规定"修订完善国有资产评估管理方面的法律法规，取消职务科技成果资产评估、备案管理程序。科技、财政等部门要开展赋予科研人员职务科技成果所有权或长期使用权试点，为进一步完善职务科技成果权属制度探索路子"。2020年1月，四川省科学技术厅等6部门联合发布的《关于扩大高校和科研院所科研自主权的若干政策措施》中明确规定："完善科技成果转化制度。深化职务科技成果权属混合所有制改革，赋予科研人员职务科技成果所有权或长期使用权。高校和科研院所对持有的科技成果，可以自主决定转让、许可或者作价投资，除涉及国家秘密、国家安全及关键核心技术外，不需报主管部门和财政部门审批或者备案。高校和科研院所将科技成果转让、许可或者作价投资，由单位自主决定是否进行资产评估；通过协议定价的，应当在本单位公示科技成果名称和拟交易价格。高校和科研院所转化科技成果所获得的收入全部留归本单位，纳入单位预算，不上缴国库，主要用于对完成和转化职务科技成果做出重要贡献人员的奖励和报酬、科学技术研发与成果转化等相关工作。支持高校和科研院所设立专业化技术转移机构，单位可在科技成果转化收益中提取不低于10%的比例，用于机构的能力建设和人员奖励。鼓励高校和科研院所设立研究院、产教融合基地和科研分支机构，推动科技成果转移转化。高新技术企业转化科技成果，给予本企业相关技术人员的股权奖励，符合条件的，可按规定在不超过 5 个公历年度（内）分期缴纳个人所得税。转制科研院所、非营利性研究开发机构和高等学校科技人员取得职务科技成果转化现金奖励，符合规定条件的可减按 50% 计入科技人员当月工资薪金所得缴纳个人所得税。"

第五节　当前我国职务科技成果权属的法律优势路径选择

当前，我国职务科技成果改革试点政策越来越明晰，地方立法也有了较深入的探索和尝试。我国在职务科技成果方面还处于基本法律正在着手修改但还未有修改成果的过渡阶段，职务科技成果所有权还无法直接归由科研成果研发人员所有。目前，如何解决政策、地方探索和法律修改程序之间的矛盾仍是一个关键的问题。固然，解决这一问题的根本办法为上位法、下位法、各级各类政策完全一致，没有冲突，但是解决这一问题需要的是时间，我们现在解决的就是这个时间差内的职务科技成果权利归属问题，因此我们不能用结果来解决问题，而要选择修法以外的其他方法。我们认为可以对现有法律规定中模糊规定的内容通过法律解释的渠道予以具体化、明确化的方式，将职务科技成果所有权限制在特定情况下赋予科技成果研发人员。同时，我们可以充分利用合同法的相关规定，通过协议的签订合理、合法地将职务科技成果所有权由单位转移到科技成果研发人员手中。我们可以考虑以下几种实现路径。

第一，优化成果应用环境，提升职务科技成果的实用价值。

《中华人民共和国促进科技成果转化法》第十九条明确了高等院校和科研院所不能变更科技成果所有权的规定，该条文设置的原意是防止科技成果研发人员侵犯国家和单位的财产权益，避免造成国有资产流失。但这一制度的设定并未完全考虑到职务科技成果所有人——高等院校和科研院所怠于转化科技成果造成的损失，或者从另一个层面说，怠于转化才是真正意义上的国有资产流失，还会打击科研成果研发人员的研发积极性。因此从上述法律解释的根本原则来说，赋予科技成果研发人员科技成果所有权是理所当然的。

《中华人民共和国科学技术进步法》第三十二条中的"项目承担者"可以直接解释为项目科研人员，或至少包括科研人员。此种解释可依据该法第一条提出的"为了全面促进科学技术进步，发挥科学技术第一生产力、创新第一动力、人才第一资源的作用，促进科技成果向现实生产力转化"的立法目的来解释。国家坚持人才引领发展的战略地位，深化人才发展体制机制改革，全方位培养、引进、用好人才，营造符合科技创新规律和人才成长规律的环境，充分发挥人才第一资源作用，赋予科技人员相应的职务科技成果所享有的权益，更有利于促进科技成果的转化。在实践操作中，项目承担者如果仅指科研人员，则成果所有权归属是唯一的，但如果既包括科研人员又包括科研人员所在单位，就可以实现科技成果的混合所有权，这种模式在当前各地政策中较为普遍。例如，四川省成都市在2016 年出台的《促进国内外高校院所科技成果在蓉转移转化若干政策措施》中就明确提出通过股份制度对高等院校和科研院所的科技成果进行改革，发明人可享有不低于 70% 的股权。

《中华人民共和国专利法》第六条中"执行本单位的任务"中可以将高等学校、科研院所科研人员的研发活动与企业雇员类研发活动作出区分，将其解释为不符合"执行本单位任务"情形。这种解释主要考虑的是高等学校、科研院所科研人员的研发活动自主性高于企业雇员类研发活动，且资金使用受到财政制度的限制较大，高等学校、科研院所并无自由使用权限。

第二，坚持约定优先，给予科研人员更大的权益。

单位和科研人员可遵循契约自由原则，依据合同法相关规定，签订职务科技成果权属转让协议，从而使得科研人员最终获得科技成果所有权。另外，所有权是指所有人依法对自己财产所享有的占有、使用、收益和处分的权利。单位可以在职务科技成果转让协议中，在不违反现有法律规定的前提下，向科技成果研发人员转让职务科技成果所有权的部分权能（比如说收益权和使用权）。

第三，改革职务科技成果资产评估机制，提高科技成果转化率。

可以允许直接协商定价，不采用在技术交易市场挂牌、拍卖等方式确定价格，不强制要求进行资产评估。此改革既可以将科技成果所有权转让给科研人员，也可以不再多此一举，直接由高等院校、科研院所向其他第三方处置科技成果。

第三章 发达国家职务科技成果权属的法律规则

世界各国国情的不同，以及各自形成的文化传统和法律制度的差异，对职务发明创造权利归属的制度设计也有影响，因此各国形成了有较大差别的权利归属制度设计。发达国家的职务发明创造归属可以概括为 3 种模式：以美国和日本为代表的雇员优先模式；以英国、法国和俄罗斯等国为代表的雇主优先模式；德国则采取一种不同于上述模式的折中模式。

第一节 雇员优先模式

"雇员优先模式"也称为"发明人优先模式"，是指职务发明创造专利的原始权利归职务发明创造人，雇主享有专利实施权。这种模式的代表国家是美国和日本。

一、美国

美国是对科技成果转化和技术开发保障较早也较全面的国家，其发展历程大致可以分为强调个人创意时期（1840—1880 年）、按照贡献分配专利权时期（1881—1920 年）、强调契约合同时期（1921 年至今）3 个时期①。美国在科技成果转化方面最著名的法律法规就是《拜杜法》，该法适用于所有由美国政府资助的研发项目产生的发明，其中的"发明"包括所有可以申请专利或受其他知识产权法保护的成果，适用范围既包含政府机构，也包含小企业和非营利组织。其核心是通过合理的制度安排，通过赋予大学和非营利研究机构对于联邦政府资助的发明创造享有专利申请权和专利权，鼓励大学展开学术研究并积极转移专利技术，促进小企业的发展，推动产业创新，为政府资助研发成果的商业运用提供了有效的制度激励，使私人部门享有联邦资助科研成果的专利权成为可能，从而产生了促进科研成果转化的强大动力，由此加快了技术创新成果产业化的步伐，使得美国在全球竞争中能够继续维持其技术优势，促进了美国经济发展。

在雇员优先的制度模式下，职务发明创造专利的原始权利归发明人所有，雇主享有实施权。作为科技和经济强国，美国的专利制度可以说是十分成功的，其中的雇员发明制度也在很大程度上提高了雇员发明的积极性并促进了科技进步，成为很多国家效仿的模板。

1. 法律规定

按照美国的相关法律，雇员的发明分为 3 种：雇主发起的发明（employer-initiated inventions）、雇主权发明（shop right inventions）和自由发明（free inventions）。自由发明是由雇员按自己的意愿而不是雇主的意愿所进行的发明，其发明专利属于发明人所有，这没有什么争议。其中的雇主发起的发明类似于我国目前法律规定的职务发明创造，这种发明的专利权归雇主。雇主权发明是介于雇主发起的发明和自由发明之间的一种发明，是部分利用雇主所提供的资源进行构思和完成的发明，但它本身又不属于职务发明创造的范畴②。这样的发明由雇员享有专利权，雇主享有非独占、不可转让的免许可费的使用权。这一点与我国立法中对发明的简单

---

① 王重远. 美国职务发明制度演进及其对我国的启示 [J]. 安徽大学学报（哲学社会科学版），2012（1）：135-140.

② 在现实生活中，由于高校科研的特殊性，学科交叉融合趋势明显，一些教师会在教学和科研过程中为促进学科交叉而开展独立研究，比如教授建筑工程的教师发明了能提高建筑速度的机械装置。如果把这种研究所获得的成果强制性地归入职务科技成果，势必会打击发明人的积极性和创造性，因为一项发明的产生不是自然规律的发现和研究，而是一种创造性活动思维的产生和使构思付诸实践的结果，这其中凝结了科研人员超常的智力劳动。

"二分法"有着明显差异，我国的发明权利归属只有职务发明创造和非职务发明创造两种情况。

美国是利用宪法为发明创造提供保护的国家。美国《宪法》第一条第八款第八项规定："国会……为促进科学及有用技术的进步，（国会）得确保作者和发明人对其作品和发现享有一定期限的独占权。"这条规定体现了立法者的基本理念——专利制度不仅是为了保护发明人，更是为了促进经济和社会发展。

美国《专利法》第一百一十一条规定："申请专利，除本编另有规定外，应由发明人书面向专利与商标局局长提出。"根据这一条规定，在美国，无论是非职务发明创造还是职务发明创造，都只能由发明人提出专利申请，发明专利的原始权利人也只能是发明人。

2. 实践中的做法

虽然美国《专利法》有以上关于发明专利的原则性规定，但并没有对雇员的发明作出较为具体的规定，在实践中都是通过各州普通法以及雇主与雇员之间的协议来调整的。美国在实践中主要有以下几种情况。

（1）无预先发明转让协议。

在无预先发明转让协议的情况下，雇员是否需要将其发明的权利转让给雇主，完全取决于雇员作出发明时的雇佣状态。如果雇员是受雇进行发明的，即雇员被雇佣的目的在于从事特定发明或解决特殊问题时，在发明完成后雇员必须将其发明的权利转让给雇主。如果雇员不是在受雇期间进行发明的，则雇员享有发明的所有权，但如果该项发明利用了雇主的时间、设备与材料等资源，根据衡平原则，雇主享有该发明的使用权，可以无偿、非独占地使用该发明，但雇主不得将该权利转让给他人。

（2）有预先发明转让协议。

在通常情况下，雇主会在雇佣开始之时与雇员签订发明转让协议，要求雇员同意将在雇佣期间作出的发明的所有权转让给雇主。一些转让协议规定，在雇佣关系结束的一段时间内，雇员作出的与雇主业务相关的发明的所有权也要转移给雇主。

此类预先发明转让协议实际上使得雇主对雇员所作出的发明拥有完全的控制权，如果雇员处于弱势地位，将很难拒绝签订此类协议。因此，美国已经有几个州通过立法明确规定，预先发明转让协议不得适用于雇员完全利用自己的时间并且未利用雇主的资源所作出的发明。

（3）利用联邦资助获得的发明。

美国国会于 1980 年通过了《拜杜法》，并对联邦资助的发明作出了规定。在该法案通过之前，此类发明的所有权一律归联邦政府，企业只能取得非独占的许可权。而在《拜杜法》通过后，大学、小企业以及非营利性机构被允许选择保留联邦资助的发明权利，而保留权利的机构有义务将发明进行转化，同时必须与发明人分享许可使用费并将许可使用费的剩余部分用于教学和研究活动。

3. 雇员的利益补偿

美国专利制度并未就雇佣关系中雇员权益归属作出任何规范，其主要原则均源于联邦法院判决。在一般私营企业中，是否给予雇员报酬以及给予多少报酬，完全由雇员和雇主通过协议确定。由于雇员处于相对弱势的议价地位，他们的报酬实际上是由雇主决定的。

二、日本

日本是亚洲科技发展较早、水平较高的国家。日本对于科技成果转化和职务科技成果权属规定的法律规范主要有：1995 年制定的《科学技术基本法》，1998 年制定的《大学技术转让促进法》（该法主要促进了大学科技成果转化、技术创新和技术转让。该法明确规定了政府从制度与资金方面对高校科技成果转化工作机构支持与资助的责任。高校设立的科技成果转化机构可以直接从政府获得活动经费和人员派遣的支持），1999 年制定的《产业活力再生特别措施法》（该法主要规定高校利用政府经费完成的科研项目，其成果开发获得的专利所有权完全归学校所有。该法的实施促进了具有独立法人资格的私立大学和公立大学开展成果转化、技术创新和技术转让）以及《技术转移法》，2000 年制定的《产业技术强化法》，

2002 年制定的《知识产权基本法》，2004 年制定的《国立大学法人法》（该法使国立大学获得了独立法人资格，解决了《产业活力再生特别措施法》中没有解决的没有独立法人资格的国立大学对政府资助的研究成果所取得的知识产权进行自主经营与管理问题，让其取得了对自己研发的所有科研成果的转化、转让的自主权，可以将成果转化、转让产生的全部收益由学校自主经营管理，而不再纳入政府的财政预算），2006 年修订了《教育基本法》（修订目的主要是进一步强化高校与企业的合作。该法提出高校应通过转让自己科研成果的方式，向企业和社会做出更大的贡献，进一步增强高校为经济社会发展服务的功能）。

1. 法律规定

在雇员发明的问题上，日本同样是坚持雇员优先原则的国家。日本的《特许法》第三十五条作了以下规定：①当从业人员、法人的干部、国家公务人员（以下简称"从业人员等"）的发明，就其性质而言属于雇主、法人、国家或地方公共团体（以下称为"雇主等"）的业务范围，而且完成发明的行为属于在雇主等处工作的从业人员等现在或过去职务的发明（以下称为"职务发明创造"）获得了专利，或者是继承了职务发明创造专利申请权者获得了专利时，雇主等对其专利拥有一般实施权；②对于从业人员等做出的发明，除其发明为职务发明创造外，预先规定雇主等受让专利申请权或专利权、规定为雇主等设立独占实施权的合同，工作规章及其他规定无效；③从业人员等根据合同、工作规章及其他规定，就职务发明创造让雇主等受让专利申请权或专利权、为雇主等设立了独占实施权时，有权获得适当的报酬；④对于前款的报酬，在合同、工作规章以及其他规定中作了规定时，根据其规定所支付的报酬要从制定决定报酬之基准时雇主等与从业人员等双方间的协商状况、所制定基准的公开状况、就报酬的计算听取从业人员意见的状况来考虑，必须合理；⑤就前款的报酬未做规定或根据其所支付的报酬按照该款规定被认为不合理时，第三款中的报酬额要考虑雇主等基于该项发明应该获得的利润额，雇主等就该项发明所承担的负担、所做出的贡献，给予从业人员等的待遇及其他情况来决定。

2. 实践中的做法

作为一个知识产权大国，日本的法律规定雇员可以根据法律获得专利。但在实践中，许多日本公司在雇佣雇员时大多以劳动合同约定或者公司管理制度规定公司将继受雇员的发明创造。

从"雇员优先"的职务发明归属模式来看，这种做法充分尊重了雇员的利益，赋予其法律上的申请权，但最终雇员利益的获得则取决于雇主与雇员入职协议规定以及利益分配约定。这两个国家的职务发明的实践表明，在多数情况下雇员的"申请权"被雇主通过内部转让规定而归于雇主所有。

第二节　雇主优先模式

"雇主优先模式"是指职务发明创造专利归雇主所有，职务发明人具有分享职务发明报酬的权利。这种模式的代表国家是法国、英国。

一、法国

根据法国《专利发明法》的规定，职务发明创造是指雇员执行与其实际职责相应发明任务的工作合同，或从事雇主明确赋予的研究和开发任务而完成的发明。这也表明，雇员必须是在执行其职责时所进行的发明，或者雇员进行发明不是其职责所在，而是雇主明确赋予的研究和开发任务，这样做出的发明才属于职务发明创造，否则应属于非职务发明创造。因此，法国的雇员发明可以分为两类：任务发明和非任务发明。

1. 任务发明

法国是工业产权制度的发源地之一，其《法国知识产权法典》第L611-7条第一项规定：雇员在执行与其实际职责相应的发明性任务的工作合同时，或者在执行雇主明确委派给他的研究开发任务的过程中所完成的发明归属于雇主。因此，法国的任务发明又可以分为两种。一种是雇员的实际职责包含研究性的任务，雇员接受任务的工作合同中就会约定发明这一工作职责。另一种是雇员完成的发明源于临时性的工作任务，这一任务应当是确定的，而不能是推定的。对于在工作合同中常设的发明性工作任务，立法者为了避免雇主权利的滥用，应当规定该任务与雇员的实际职责相匹配。立法者将任务发明的权利归属于雇主，但这并不意味着对雇员权利的漠视。完成任务发明的雇员有获得额外报酬的权利。

2. 非任务发明

非任务发明是指那些既非源于合同中明确的任务，亦非源于由雇主所明确交付的包含发明性工作内容的任务发明，此类发明原则上归属于雇员所有。但是，在实际操作中，这一发明与雇主密切相关，或者雇员完成该发明得益于其工作。法国法律规定了以下3种非任务发明属于雇主：第一，发明完成于雇员的职能执行过程中，即该雇员并未被委派任何发明性的工作任务，但其在企业中负有行政或生产等其他职能，并在执行这些职能的过程中完成了发明；第二，发明属于企业经营范围，完成相关发明的雇员并不能承担任何发明性的工作任务，或没有任何证据证明该雇员承担相关的工作任务，其雇主仍然可能就该发明行使权利，只要这一发明属于企业的经营范畴；第三，发明的完成基于对企业特有的技术、设施或者企业为发明人提供了数据。只要这些技术或能力是企业所特有的，就足以使企业拥有对该发明的权利。所以在这些非任务发明中，有些非任务发明会被法律直接授权于雇主。

二、英国

英国在其专利法中对职务发明有明确的界定。《英国专利法》第三十九条规定：雇员在执行任务中做出的发明，雇员对雇主事业的利益负有特别的义务，无论该项发明是雇员正常工作的过程中还是正常工作之外做出的，只要是分派给他的工作过程中做出的，其发明权属就归雇主所有。由此可见，英国在职务发明创造方面采取的是雇主优先的模式。但是，英国并没有因此而忽视雇员的利益，而同时规定雇员所做出的发明除了职务发明创造归雇主所有外，雇员的其他发明归雇员所有；雇员有权根据有关协议或约定转让非职务发明创造的专利权来获得约定利益，也可以从该发明专利被转授雇主之后，从雇主在该专利中所取得的利益或可期望利益要求自己的合理份额。

三、俄罗斯

俄罗斯的新专利法规定：由雇员履行劳动义务或完成雇主规定的具体任务所创造的发明，如果在雇主和雇员之间的合同中未作另行规定，专利权一般情况下属于雇主。俄罗斯的新专利法还规定：如果职务发明的专利权属于雇员，雇主在专利有效期内有权在生产中优先使用职务发明，并在合同确定的基础上向专利权人予以补偿，俄罗斯联邦政府有权规定职务发明获得奖励的最低额度。

"雇主优先"模式明确界定了职务发明和非职务发明的界限，而这一界限的界定与雇员的工作任务密切相关，对"非工作任务"完成的发明创造给予较为灵活的处理，虽然发明看似归属于雇员，但单位有一定的主张权利归属的余地。两个国家的职务发明中都隐含着雇主的管理责任，即雇主应该明确界定雇员的工作任务，如果我们难以区分任务和非任务，就难以界定发明是归雇主所有还是归雇员所有。

第三节　折中模式

德国是较早实施知识产权保护的国家之一，有着完整的知识产权保护法律。除了专利法、版权法等与科技直接相关的法律之外，德国还有其他很多专门的法律对职务科技成果进行了规定。在职务发明创造的权利归属方面，德国采用了一种不同于其他国家的方式，并用1957年颁布的《雇员发明法》来解决企业雇员和企业在发明权归属方面的矛盾。该法第四条规定：如果雇员完成的发明创造是在职期间做出的，并且源于其在私人企业或者公共机构的工作任务，或者在本质上基于企业或者政府机构的经验或活动，就属于职务发明创造，否则属于非职务发明创造。对于职务发明创造，发明人有义务将完成的发明创造向雇主进行书面汇报。《雇员发明法》第七条第一款规定：收到无限权利主张时，职务发明创造的全部权利转移至雇主。该法第二款规定：收到有限权利主张时，使用职务发明创造的非独占权利转移至雇主，即雇主享有非独占性许可使用权。这说明，在德国，雇主可以对职务发明创造提出无限制的权利主张或者有限制的权利主张。如果雇主提出无限制的权利主张，职务发明创造人就必须将职务发明创造的专利所有权转让给雇主；如果雇主提出的是有限制的权利主张，则雇主享有非独占许可使用权，专利申请权和专利权依然归职务发明创造人所有。在雇主申请和实施职务发明创造专利的各个阶段，发明人可以要求补偿报酬。在德国，雇员本职工作中的发明的原始权利属于雇员，只有根据法律规定，雇主提出有限或无限权利主张时，权利才转归雇主所有。这一规定本身并没有刻意剥夺雇员对发明的原始权利。但我们可以看出，德国为了保护劳资关系中的弱者，特地用法律提高了雇员的地位，规定发明的原始权利归雇员所有，经过一定的程序之后才转归雇主所有，从而使雇员和雇主的地位达到了一种平衡。

雇员向雇主的"报告制度"是德国《雇员发明法》的特色。该法规定，职务发明创造人必须将发明成果情况向雇主报告，雇主必须在一定时间内做出是否要求有关权利的选择，如免费的一般实施权、有限期的独占实施权、无限期的独占实施权或产权等。如果逾期未做选择，则职务发明创造就归发明人个人所有。如果雇主选择要求职务发明创造归属权，则必须申请专利，并向发明人支付报酬，这就迫使雇主认真考虑职务发明创造是否有应用前景，是否能够获得专利，并且只要求获得那些能够实际实施的职务发明创造，从而推动了职务发明创造转化为现实的生产力。

从实施效果上来看，德国模式有利于促进职务发明创造人与雇主双方积极行使权利，调和双方利益，能够让雇主和职务发明创造人之间有互动和交流，能够加快科技成果转化速度，促进社会技术进步。

第四节 评述

职务科技成果权属规定的3种不同模式，在立法上都围绕着雇主和雇员的利益分配展开博弈。通过以上研究可以看出，各国的职务科技成果权属规定不尽相同，但不论哪种模式都是旨在通过精细的制度设计，协调各方利益，优化资源配置，以促进科学技术的进步和发展，进而提高本国在世界的经济竞争力。

虽然各国的制度存在差异，我们仍然可以发现以下的共性原则。

第一，立法目的相同。各国出台关于职务发明政策的目的均是鼓励创新，通过权益调整实现资源的合理、有效配置，从而促进科技进步和经济发展。职务科技成果权属制度不仅仅是为保护发明人个体或某个群体的利益，其更长远的目标是使整个社会大众受益，促进人类社会的进步和发展。因此，职务发明制度的设计也不能背离这个总体目标，在确定权利归属上，必须综合考虑各方面利益，以提高资源使用效率、促进技术传播和共享为出发点，选择更有利于促进技术进步的方式，使发明创造的效益最大化，让社会大众能够充分分享技术进步成果。

第二，立法作用相同。各国出台关于职务发明政策的作用都是致力于协调各方利益。职务科技成果权属的各项制度均是当事各方利益博弈的结果，职务发明中的利益包括发明人和雇主之间的利益以及专利权人和公众之间的利益。因此，职务发明制度必须既鼓励发明人、调动其创新的积极性，又要保护雇主的利益，保证资本回报；既要维护专利权人的利益，也要兼顾公众利益。

第三，注重法律之间的配合与协调。通常，专利法会对职务发明权属及报酬作出原则性规定，同时通过其他相关的法案及条例或实施细则来加以补充和完善，使之形成较为完整的法律体系。

我们也应清楚地看到，任何关于职务科技成果的权属制度都不可能是完美无瑕的，它都是一定社会环境和经济条件下的产物，也势必随着社会和经济的发展显现出弊端。也正因为如此，所以我们才有必要对职务科技成果权属改革的方向进行深入思考。

第四章 高校职务科技成果权属改革现状和主要困境

第一节 高校职务科技成果权属政策的发展历程

高校的科研项目主要可以分为纵向科研项目和横向科研项目两大类。其中，纵向科研项目主要由教育部、科技部、省市政府及相关部门利用政府财政资金资助完成，横向科研项目则由科技成果研发人员或团队与资助方（此处的资助方指的是使用自主资金并委托科研成果研发人员或团队研究相应项目的主体，此处的资金为非政府财政资金）签订合同，以资助方按照合同约定出资资助完成。这两类项目中，横向科研项目产生的科技成果权属可以按照合同约定确认，在合法的范围内不受相应各级各类政策的约束。因此，本章讨论的主要是各级政府以及相关管理部门在各阶段出台的用于指导、规范高校纵向科研项目中产生的职务科技成果产权的相关政策文件。在我国改革开放之前，全国资源（人力、物力、财力、科学研究等）均通过计划由上级发放给下级，科学研究都是围绕着国家事先拟定的主题来实现和完成的，各类科学项目成果理应归国家所有，因此探讨此阶段的科技成果权属问题并无意义。因此，为方便论述，我们认为，高校职务科技成果权属政策的发展历程也自然从改革开放元年——1978 年开始。

一、起步阶段

这一阶段是从我国实施改革开放开始到进入新时期之前，即 1978—1991 年。1978 年，党的十一届三中全会召开，标志我国开始实施改革开放的发展战略。1982 年，全国科学技术奖励大会明确提出"经济建设要依靠科学技术，科学技术要面向经济建设"的战略指导方针，这为我国的科技工作明确了目标。科研项目要为经济发展服务，但当时我国的科技工作和科学研究项目仍主要依靠国家指令开展。

1984 年，国家科学技术委员会编制了《关于科学技术研究成果管理的规定（试行）》。这一文件明确规定：科技研究成果属于国家，全国各相关单位都可以按需要利用。

1985 年 3 月 13 日，我国首次决定对科技体制进行改革，出台了《关于科学技术体制改革的决定》（该文件主要包括以下内容：改革对研究机构的拨款制度，按照不同类型科学技术活动的特点，实行经费的分类管理；促进技术成果的商品化，开拓技术市场，以适应社会主义商品经济的发展；调整科学技术系统的组织结构，鼓励研究、教育、设计机构与生产单位的联合，强化企业的技术吸收和开发能力；改革农业科学技术体制，使之有利于农村经济结构的调整，推动农村经济向专业化、商品化、现代化转变；合理部署科学研究的纵深配置，以确保经济和科学技术发展的后劲；扩大研究机构的自主权，改善政府机构对科学技术工作的宏观管理；对外开放，走向世界，是我国发展科学技术的一项长期的基本政策；改革科学技术人员管理制度，营造人才辈出、人尽其才的良好环境）。该决定强调，我们应当按照经济建设必须依靠科学技术、科学技术工作必须面向经济建设的战略方针，尊重科学技术发展规律，从我国的实际出发，对科学技术体制进行坚决的、有步骤的改革。至此，我国正式拉开了科技体制改革的序幕。

二、调整阶段

这一阶段是从邓小平南方谈话开始到国内产业结构调整取得阶段性成果的时期，即1992—1999年。

1992年1月18日到1992年2月21日，改革开放的总设计师邓小平凭着对党和人民伟大事业的深切期待，先后赴武昌、深圳、珠海和上海等地视察，沿途发表了重要谈话。1992年3月26日，《深圳特区报》率先发表了"东方风来满眼春——邓小平同志在深圳纪实"的重大社论报道，并集中阐述了邓小平南方谈话的要点内容。南方谈话是把改革开放和现代化建设推向新阶段的又一个解放思想、实事求是的宣言书，不仅对即将召开的党的十四大具有十分重要的指导作用，而且对中国的社会主义现代化建设事业具有重大而深远的意义。

1992年，党的十四大在确立社会主义市场经济体制的改革目标后，科技事业也朝着市场化方向迈进，我国更加强调由科技成果所形成的知识产权的重要性。

1994年国家科学技术委员会出台了《国家高技术研究发展计划知识产权管理办法（试行）》。该办法的目的是对科技成果进行管理，保护知识产权，保障项目参加各方的合法权益，推动高技术研究及其成果商品化、产业化。该办法对国家高技术研究发展计划（以下简称"863计划"①）科技成果的管理做出了新的探索，并在第五条中明确规定："执行863计划项目，由国家科委主管司（中心）或者国家科委授权的领域专家委员会（组）为委托方，项目承担单位为研究开发方，签订委托技术开发合同，并在合同中依照本办法规定，约定有关知识产权的归属和分享办法。"这是首次将科技成果权属由国家所有转变为合同约定优先，承担单位可以在

---

① 1986年3月3日，一份由王大珩、王淦昌、杨嘉墀、陈芳允4位科学家联合提出的《关于追踪世界战略性高技术发展的建议》被送到了中央，邓小平同志在2天后就做出了批示。后根据邓小平同志的批示，《关于高新技术研究发展计划》形成了，该文件简称为"863"计划。2016年，随着国家重点研发计划的出台，"863"计划结束了自己的历史使命。

无约定的情况下获得科技成果权，但该办法在第七条中也设置了程序上的控制："863 计划科技成果，除合同另有约定外，专利申请权属于研究开发方。研究开发方应当自技术成果完成后 30 日内，就发明创造申请专利或者按技术秘密处理向领域专家委员会（组）提出报告，并附相关领域科技文献检索资料。领域专家委员会（组）应当自收到报告之日起 30 日内作出审定。逾期未予答复的，视为同意研究开发方处理意见。领域专家委员会（组）同意申请专利的，研究开发方应当在申请并取得专利权后 30 日内向国家科委主管司（中心）和领域专家委员会（组）备案；领域专家委员会（组）同意按技术秘密处理的，研究开发方应当采取相应保密措施。"该办法第十条还明确规定："有下列情况之一的，经领域专用委员会（组）批准，授权的单位或者完成发明创造的课题组成员可以就所完成的发明创造申请或者共同申请专利：（一）依据合同约定，研究开发方不对科技成果行使处置权的；（二）研究开发方在规定期限内未提出有关知识产权保护处理意见的；（三）研究开发方经同意申请专利后六个月内无正当理由未申请专利的。授权的单位或者课题组成员取得专利权的，研究开发方可以免费实施该项专利。"

1999 年 3 月，科技部、教育部、人事部（现为"人力资源社会保障部"）、财政部、中国人民银行、国家税务总局、中国工商行政管理局联合编制了《关于促进科技成果转化的若干规定》。该规定是为了鼓励科研机构、高等学校及其科技人员研究开发高新技术，转化科技成果，发展高新技术产业，进一步落实《中华人民共和国科学技术进步法》和《中华人民共和国促进科技成果转化法》而制定的。该规定鼓励高新技术研究开发和成果转化，明确提出要保障高新技术企业经营自主权并为高新技术成果转化创造环境条件。

三、借鉴阶段

这一阶段从学习外国先进经验开始到高校扩招的时期，即 2000—2009 年。

2000 年以后，我国加入世界贸易组织，成为其第 143 个成员，融入了世界经济发展轨道。为促进科技成果的转化利用，我国借鉴美国《拜杜法》的做法，直接规定将财政资金资助的研究项目，其研究经费由国家直接划拨给科研承担单位。

2002 年 3 月，《关于国家科研计划项目研究成果知识产权管理的若干规定》明确规定："科研项目研究成果及其形成的知识产权，除涉及国家安全、国家利益和重大社会公共利益的以外，国家授予科研项目承担单位（以下简称项目承担单位）。项目承担单位可以依法自主决定实施、许可他人实施、转让、作价入股等，并取得相应的收益。同时，在特定情况下，国家根据需要保留无偿使用、开发、使之有效利用和获取收益的权利。"这是国内首次明确了政府资助的研究项目知识产权由科研项目承担单位获得。

这一阶段，我国制定了《事业单位国有资产管理暂行办法》，修订了《中华人民共和国专利法》《中华人民共和国科学技术进步法》等多部法律，逐步建立起适应我国经济和科技发展的法律体系。

四、完善阶段

在这一阶段，为了推动高校科技成果转化，2011 年财政部决定集中北京大学、清华大学、中国科学院等在京著名高校和科研单位的力量，发挥它们的优势并组建了北京中关村国家自主创新示范区，进行科技成果处置权和受益权管理改革试点，发布了《关于在中关村国家自主创新示范区进行中央级事业单位科技成果处置权改革试点的通知》。通知明确规定，单位一次性处置 800 万元以下国有资产，无须主管部门审批，仅须单位依照相关规定自行处置，并在一个月内将处置结果报财政部备案。在收益方面，该通知改变了之前所有处置收益上缴国库的规定，对于技术入股投资形成的股权首次处置收益以及转让许可收益，调整为分段按比例留归单位和上缴国库，留归单位的收益应用于科研及技术转移工作。因此，事业单位可以留存大部分转化收益，研究和转化建设资金的增加有助于提升研究和转化能力，形成良性循环。试点改革的措施提高了区内高校和研究所科技成果创造和转化的积极性。

2013年9月国务院在中关村改革试点取得初步成效后，将政策引入上海张江国家自主创新示范区、武汉东湖新技术开发区和安徽合芜蚌国家自主创新示范区，开启多地共同试点。在中央部署新一轮科技体制改革以及强调进一步简政放权、释放活力的背景下，通过总结前期4个试验区的试点经验，国务院决定进一步深化科技成果权利改革的政策试验。财政部、科技部、国家知产局联合发布《关于开展深化中央级事业单位科技成果使用、处置和收益管理改革试点的通知》。该通知提出，在2014年10月1日至2015年12月31日进行下放部分中央级事业单位科技成果使用权、处置权和收益权管理改革的试点，规定上级及财政部门对于单位科技成果处置行为不再审批或备案，转化收入全部留归单位所有。

2014年教育部推荐首批清华大学、北京大学、中国农业大学等11所部属高校参加中央级事业单位科技成果使用、处置和收益管理改革试点，同时印发《关于在部分部属高校开展科技成果转移转化管理改革试点的通知》，从试点目的任务、内容要求、组织方式、步骤进度等多个方面明确开展试点工作的要求。同年，为了加强高校科研项目和资金管理改革，国务院发布了《关于改进加强中央财政科研项目和资金管理的若干意见》，形成包括强化项目承担单位法人责任、严格资金使用与管理、推进人事与薪酬机制改革、推进科技评价改革等方面的落实要点，为后续开展管理改革试点工作奠定了基础。

2016年11月7日，中共中央办公厅、国务院办公厅印发了《关于实行以增加知识价值为导向分配政策的若干意见》，该意见制定和实施的基本思路是"全面贯彻党的十八大和十八届三中、四中、五中全会以及全国科技创新大会精神，深入学习贯彻习近平总书记系列重要讲话精神，加快实施创新驱动发展战略，实行以增加知识价值为导向的分配政策，充分发挥收入分配政策的激励导向作用，激发广大科研人员的积极性、主动性和创造性，鼓励多出成果、快出成果、出好成果，推动科技成果加快向现实生产力转化。统筹自然科学、哲学社会科学等不同科学门类，统筹基础研究、应用研究、技术开发、成果转化全创新链条，加强系统设计、分类管理。充分发挥市场机制作用，通过稳定提高基本工资、加大绩效工资分配激励力度、落实科技成果转化奖励等激励措施，使科研人员收入与岗位职责、工作业绩、实际贡献紧密联系，在全社会形成知识创造价值、价值创造者得到合理回报的良性循环，构建体现增加知识价值的收入分配机制"。该意见强调从强化科研机构、高校履行科技成果转化长期激励的法人责任；完善科研机构、高校领导人员科技成果转化股权奖励管理制度；完善国有企业对科研人员的中长期激励机制；完善股权激励等相关税收政策四个方面加强科技成果产权对科研人员的长期激励。

2017 年，财政部印发《中央部门所属高校国有资产处置管理补充规定》，其目的是规范和加强中央部门所属高校国有资产处置管理。该规定确定中央高校科技成果处置不适用《中央级事业单位国有资产处置管理暂行办法》，且在第三部分明确"规范高校资产处置收益管理。高校自主处置已达使用年限并且应淘汰报废的资产取得的收益，留归高校，纳入学校预算，统一核算，统一管理。涉及科技成果转化资产处置的，按照《中华人民共和国促进科技成果转化法》《国务院关于印发实施〈中华人民共和国促进科技成果转化法〉若干规定的通知》和《中华人民共和国专利法》及其实施细则等有关规定执行。除上述情形以外的资产处置收入，按照《中央级事业单位国有资产处置管理暂行办法》有关规定执行"。

2018 年 4 月，教育部科技司、中关村管委会联合发布了《关于促进在京高校科技成果转化实施方案》。该方案明确推出建设技术转移办公室、建设概念验证中心、鼓励在京高校建立科技成果转化基金等 12 项举措。同时提出，将在中关村试点建设多处高校技术转移办公室，教育部科技司和中关村管委会联合开展认定和授牌，支持技术转移办公室以市场化方式引进专业人才，开展科技成果统计汇总、筛选评估和转化服务，强化专利管理与运营，有效疏通科技成果转化源头。

2019年3月，上海市政府发布《关于进一步深化科技体制机制改革 增强科技创新中心策源能力的意见》（简称"科改25条"）。该意见允许单位和科研人员共有成果所有权，鼓励单位授予科研人员可转让的成果独占许可权，试点取消职务科技成果资产评估、备案管理程序。

2019年7月，科技部、教育部、发展改革委、财政部、人力资源社会保障部和中科院联合印发《关于扩大高校和科研院所科研相关自主权的若干意见》。该意见适用于中央部门所属高校和中央级科研院所，要求主管部门按照中央改革精神和政事分开、管办分离的原则，组织所属高校完善章程，推动科研院所制定章程，科学确定不同类型单位的职能定位和权利责任边界。该意见从"完善机构运行管理机制""优化科研管理机制""改革相关人事管理方式""完善绩效工资分配方式""确保政策落实见效"等方面出台了具体措施，支持高校和科研院所依法依规行使科研相关自主权，充分调动单位和人员积极性、创造性，增强创新活力和服务经济社会发展能力，为建设创新型国家和世界科技强国提供有力支撑。

2020年1月，四川省科学技术厅等6部门印发《关于扩大高校和科研院所科研自主权的若干政策措施》，通过5个方面（建立体现创新质量、贡献、绩效的科研人员激励机制；持续加大科研领域"放管服"改革力度；改革相关人事管理方式；完善机构运行管理机制；改进科技创新保障服务工作）17条具体规定明确了在全省范围内进一步扩大高校和科研院所科研自主权，建立并完善以信任为前提的科研管理机制。

《中华人民共和国专利法》《中华人民共和国著作权法》目前均在不断完善，这些政策的应用和尝试将为我国职务科技成果权属改革做好铺垫。

第二节　高校职务科技成果产权改革现状和主要困境

一、职务科技成果产权不明晰

目前全国高等学校及科研院所近 3 000 所（其中包括部分民办高校，本书主要以国有公立高校为研究对象）。其中，"985 工程"和"211 工程"大学有 151 所。以每年各类科研项目和政府的投入情况来看，约占全国 5%的这类高校获得了约 70%的政府科研资助，剩余约 95%的高校仅能获得不到 30%的政府科研经费，这就直接导致了大多数职务科技成果集中在科研优势明显的优质高校中，而剩余的高校多数仍以教学作为首要任务，科研活动只是为了更好地服务于人才培养工作。这样的现状让高校在促进职务科技成果转化以及职务科技成果产权明晰化工作中的积极性有很大的差别，无法达到统一、积极推动此项工作的境界，导致在不同类型的高校中职务科技成果转化率有很大的差别。而在拥有优势研究资源的 5%的高校中，有部分高校也未能将职务科技成果转化作为科学研究工作的重点。将科学研究仅放在实验室、放在专利申请数量上的情况也比较普遍。同时由于职务科技成果属于国有资产，即使转化成功获得收益，也要严格按照"收支两条线"的原则将收益上交国库。职务科技成果在转化过程中还要履行严格的国有资产转化的审批程序。如果成果转化作价太低，学校还会承担国资流失的责任风险；如果成果没有转化，学校并不用承担法律责任。这样的现实导致高校及高校负责人因为怕麻烦、畏惧、慵懒而丧失了职务科技成果转化动力，变相增加了"僵尸"职务科技成果的数量。

二、职务科技成果权属纠纷过多

以职务科技成果中最典型的专利为例，高校专利权归属的纠纷主要表现在高校与发明人之间的所有权纠纷和高校与企业联合开发过程中的校企权属纠纷。前者涉及科技成果究竟是高校职务发明还是非职务发明，根据现有法律规定，科技成果权属往往属于用人单位（也就是高校）。但是在实践应用中，进行明确界定是非常困难的，如法律将"主要是利用本单位的物质技术条件完成的发明创造"规定为职务发明创造，但是这种规定本身就存在模糊和不确定性。对于"主要"这一规定，我们没有办法进行具体的量化，这在实际操作中具有很大的困难。后者则是高校与企业联合开发过程中的校企专利权属纠纷问题。首先，校企合作成功的标志是双方合作科研成果达到技术成熟，企业认定技术成熟的标准是实现经济利益的合格产品即"实用性"，高校认定技术成熟的标准是科研成果是否具有"科学性"，新技术成果未必有统一的认定标准，就容易发生争议。其次，校企合作中，高校科研人员往往以个人名义参与合作开发，这类成果是否属于职务发明也难以认定，还容易导致校企合作的权利纠纷。最后，校企合作的权利认定以"合同优先"为原则，而实践中双方在合同约定中对权利归属多用"双方协商一致解决"等模糊字眼说明。一旦双方产生利益分配矛盾，权属纠纷就会接踵而至。这样的研究环境必然会导致高校职务科技成果研发人员对科研投入的热情受损，影响实际研究成果的产出。

三、职务科技成果转化奖励报酬制度执行不力

我国法律法规以及政策均设定了关于促进职务科技成果转化的奖励报酬制度，但对于统一的报酬制度设定有着不同的规定。在实际运用中到底以何为据、如何选择、选择的依据不同就会导致奖励者和被奖励者之间发生明显的矛盾。

《中华人民共和国促进科技成果转化法》第四十五条明确规定："科技成果完成单位未规定、也未与科技人员约定奖励和报酬的方式和数额的，按照下列标准对完成、转化职务科技成果做出重要贡献的人员给予奖励和报酬：（一）将该项职务科技成果转让、许可给他人实施的，从该项科技成果转让净收入或者许可净收入中提取不低于50%的比例；（二）利用该项职务科技成果作价投资的，从该项科技成果形成的股份或者出资比例中

提取不低于50%的比例；（三）将该项职务科技成果自行实施或者与他人合作实施的，应当在实施转化成功投产后连续三至五年，每年从实施该项科技成果的营业利润中提取不低于5%的比例。国家设立的研究开发机构、高等院校规定或者与科技人员约定奖励和报酬的方式和数额应当符合前款第一项至第三项规定的标准。国有企业、事业单位依照本法规定对完成、转化职务科技成果做出重要贡献的人员给予奖励和报酬的支出计入当年本单位工资总额，但不受当年本单位工资总额限制、不纳入本单位工资总额基数。"

《北京市促进科技成果转化条例》第十二条明确规定"科技成果完成单位持有的职务科技成果转化后，应当由单位对完成、转化该项科技成果做出重要贡献的人员给予奖励和报酬。单位可以依法规定或者与科技人员约定奖励和报酬的方式、数额和时限。单位未规定、也未与科技人员约定的，按照《中华人民共和国促进科技成果转化法》的规定执行。政府设立的研发机构、高等院校可以按照下列标准对完成、转化该项科技成果做出重要贡献的人员给予奖励和报酬：（一）将职务科技成果转让、许可给他人实施的，从该项科技成果转让净收入或者许可净收入中提取不低于70%的比例；（二）利用职务科技成果作价投资的，从该项科技成果形成的股份或者出资比例中提取不低于70%的比例；（三）将职务科技成果自行实施转化或者与他人合作实施转化的，在实施转化成功投产后，从开始盈利的年度起连续五年内，每年从实施转化该项科技成果的营业利润中提取不低于5%的比例。五年奖励期限满后依据其他法律法规应当继续给予奖励或者报酬的，从其规定。前款所称净收入，是指转让、许可收入扣除本次交易发生的相关税金、维护该科技成果的费用及交易过程中的评估、鉴定、谈判等直接成本后的余额。政府设立的研发机构、高等院校及国有企业依照本条例规定对完成、转化职务科技成果做出重要贡献的人员给予奖励和报酬的支出计入当年本单位工资总额，但不受当年本单位工资总额和绩效工资总量限制、不纳入本单位工资总额基数"。

仅上述列举的两部法律对同一事项"科技成果完成单位未规定、也未与科技人员约定奖励和报酬的方式和数额的"的奖励报酬比例，就有明显的差别，前法规定为"将该项职务科技成果转让、许可给他人实施的，从该项科技成果转让净收入或者许可净收入中提取不低于50%的比例"，后法的这一比例则为"70%"。虽然后法对奖励主体做了设定，限定为"政府设立的研发机构、高等院校"，但这一部分主体正是我们提到的报酬主要提供方，这就直接导致在北京的政府设立的研发机构、高等院校在报酬给付上存在标准不统一的问题。

规定的报酬在实际中计算困难，难以确定。现行法律规定的奖酬具体金额和比例难以严格执行，单位方面的原因在于：单位需要投入大量的人力和物力来计算法律规定的所谓"报酬"，单位会因此增加运行成本，承担更多的风险。按照《中华人民共和国专利法》和《中华人民共和国专利法实施细则》的规定，发明人若未与被授予专利权的单位协商报酬的，以该发明的经营利润作为计算标准，从实施职务发明的营业利润中提取一定比例，作为报酬支付给发明人。但是单位对职务发明所获的营业利润并没有统一的计算方式，单位因此而新增的营业利润难以计算。一项产品中包含几项甚至上百项专利，我们难以确定每项专利为单位带来的利益。某项产品为单位带来利益的因素有很多，各项因素所发挥的作用难以计算。可能某一项专利带来的收益微乎其微，但是该项专利衍生出的产品获益非常可观。同时，单位的会计账簿由单位掌管，发明人难以监督检查单位是否按照规定支付报酬；且会计账簿的解释权由单位掌握，即使发明人翻阅单位会计账簿，也难以明确其职务发明为单位带来的收益；即使单位依据公众公允的计算方式计算出职务发明的报酬并支付给发明人，发明人本人也未必相信单位已经真正完全支付报酬。

在实际给付时，我国缺乏对给付职务发明报酬主体行为的强制约束。我国法律对职务发明报酬的支付标准、比例等相关规定均予以重视，但忽略了职务发明报酬的支付程序，并且对职务发明报酬纠纷解决办法的规定相当少，只在《中华人民共和国专利法》第七章和《中华人民共和国专利法实施细则》第七章中规定了给付职务发明报酬的争议解决办法，即专利管理部门可以调解因职务发明奖励和报酬产生的纠纷。显然这个规定在现实中并无可操作性，专利管理部门只能调解，不能仲裁或判决，对单位没有约束力。单位即使不执行这一规定也不用承担任何法律后果，这使得关于职务发明人的奖励、报酬的规定都流于形式，让职务发明报酬纠纷解决形同虚设。

第三节　高校职务科技成果转化改革的典型创新模式

一、北京大学

北京大学采用"内部机构、制度完善+外部校企深入合作"内外结合的方式积极推动职务科技成果的高效转化。

（一）内部机构、制度完善方面

北京大学推动设立了专门机构来负责职务科技成果相关工作，这些机构主要有：科学研究部（主要负责科研项目组织、协调、相应研究基金和项目的管理以及科研成果奖励、专利的申报、管理和统计）和科技开发部（该部门是主管横向科研及成果转化工作的职能部门，主要负责学校技术转让、入股与专利运营，校企科技合作，管理校企联合研发平台，建设科技成果转化基金）。在这两个部门中，一个部门对内保障科技成果奖励并为教师服务，一个部门对外搭建平台促成职务科技成果转化工作的完成。为了保障机构的顺利运行，北京大学制定了完善的制度体系，具体包括：《北京大学职务科技成果转化现金奖励管理办法》《北京大学技术转让管理办法》《北京大学技术入股管理办法》和《北京大学科技成果评估备案实施细则》等。

（二）外部校企合作方面

北京大学与华为、腾讯、德国拜耳等50余家大型企业签署了共建联合研发平台协议，共同开展多渠道的技术研发合作。2016年，北京大学与神州数码联合成立了"北京大学-神州控股协同创新中心"，该中心的主要任务包括前沿基础研究、关键技术攻关、项目孵化及创业支持、参与产业政策及标准、人才交流培养 5 个方面。该中心采用企业长期投资基础项目研究配合相应专利转让的方式打造"基础研究→技术开发→走向市场"的立体化创新研发和成果转化体系。

在职务科技成果转化创新模式中，北京大学设置了专门的技术转移机构（科技开发部）和有效的科研管理机构，内外配合实现了内部奖励专人负责、外部成果转化机构专项开展，有力推动了职务科技成果市场化。北京大学在外部做到了与高端企业的研发平台共建，还尝试了与神州数码共建全方位创新中心，做到了对校内研发人员（团队）的全力支持，也做到了"形式有创新、转化有保障、服务有效率"。但是北京大学在职务科技成果转化中的角色定位仍为成果的权利人，若想在后期专利转化、使用上有所突破，则须在前期合作协议中予以明确，这也是《中华人民共和国专利法》第六条、《中华人民共和国著作权法》第十六条中明确规定的。

二、同济大学

同济大学 2017 年将原科学技术研究院分解为"一部三院一中心"（科研管理部、科学技术研究院、工程与产业研究院、先进技术研究院、科技成果转移转化中心）。其中，"一部"为行政管理机构，"三院"主要负责研究能力建设、科学技术产出、组织和管理校地（企）合作的开发研究、围绕国防战略开展工作、推动成果转化等，"一中心"主要负责协同学校相关部门、对接社会完成科技成果转移转化相关工作。

同济大学机构改革的成果是：分解了学校科研管理机构的工作任务，实现校内行政和校外推广有序分离。同济大学将科技成果转化的工作放在科技成果转移转化中心。该中心对内向学校负责，配合学校相关部门以完善内部政策的方式，激励研发人员（团队）的研发热情，提高教师科技成果转移转化的积极性。该中心在学校授权范围内成为成果研发人员（团队）和成果需求方的双向联系纽带，对外以中心主任兼任上海同济技术转移服务有限公司董事的方式代表学校参与公司活动，确保学校权利在职务科技成果转化中不丢失、不缩水。

因此同济大学在职务科技成果转化活动中，主动与市场衔接，主动加大内部奖励激励力度，在职务科技成果权属划分上并未作出任何让步，职务科技成果的权利人仍然为学校。

三、西南交通大学

西南交通大学自 2010 年开始进行职务科技成果转化改革试验，于2016 年找到了属于自己的职务科技成果混合所有制模式。在西南交通大学，职务科技成果转化收益奖励按照两种不同情况进行分配。第一种情况是没有分割确权的科技成果，大多数高校在职务科技成果转化以后按照收益比例奖励给研发人员（团队），西南交通大学设置的这一奖励比例为70%；第二种情况是通过职务科技成果混合所有制分割确权的专利，西南交通大学将分割 70%的专利权给研发人员（团队），这一模式的具体的操作方法是：由西南交通大学将专利转让给西南交通大学国家大学科技园，由西南交通大学国家大学科技园出具变更申请材料，在国家知识产权局将研发人员（团队）完成添加与变更为专利权人。如果该项职务发明专利评估作价入股，发明人与西南交通大学国家大学科技园的关系是具有平等地位的股东关系。

职务科技成果混合所有制是西南交通大学校内文件明确规定的制度。在这种制度下，办理手续在校内是可短时间完成的，需要的仅为在国家知识产权局内的分割确权，需要的时间约为一个半月。这样的高效率和可见的利益会对校内研发人员（团队）起到极大的激励作用，可以做到真正意义上的职务科技成果高速转化。

西南交通大学主动放弃部分专利权属，在研发人员（团队）主动申请下，学校与研发人员（团队）共享专利所有权、处置权和收益权。若研发人员（团队）不选择权利共享，也可以获得比例明确的奖励。在这一模式下，西南交通大学大胆突破了《中华人民共和国专利法》第六条的规定，在专利这一类型的科技成果上做到了学校、个人混合所有，其他类型的科技成果仍沿用法律规定进行处理。

第五章 高校职务科技成果权属改革的理论基础和基本原则

近几年来，我国职务科技成果数量持续增加。大专院校、科研单位和企业作为创新主体，占据了职务科技发明的绝大部分。鉴于高校、科研单位、企业既有共性，也有特殊性，因此，高校职务科技成果权属改革也与科研单位和企业的职务科技成果权属改革不同。

第一节 高校职务科技成果的特殊性

与专门的科研机构和企业相比较而言，高校职务科技成果作为职务科技成果的组成部分有其自身的特殊性。

一、高校职务科技成果服务对象的特殊性

高校是培养高素质人才的专门机构。《中华人民共和国高等教育法》第四条规定"高等教育必须贯彻国家的教育方针，为社会主义现代化建设服务、为人民服务，与生产劳动和社会实践相结合，使受教育者成为德、智、体、美等方面全面发展的社会主义建设者和接班人"。这从法律上赋予了高校的主要任务是培养社会需要的合格人才，这种"合格"既包括了

思想道德素质的合格，也包括了生理和心理健康的合格，还包括了知识技能和能力的合格。在我国高校中，除了为数不多的研究型大学外，其余绝大部分高校为教学型高校。教学是学校的中心工作，一切工作都围绕教学工作来开展，这就决定了教师必须以教学为主要任务，教师主要的时间和精力也都花在教学上。教师科学研究也只是服从和服务于教学，其职务科技成果也是以为人才培养服务为目的，其对象是学生，这使得教师职务科技成果权属处于边缘地带而不被重视。而专门的科研机构及企业的科研任务主要是解决国计民生的重大问题，是为社会发展和企业技术进步提供支撑。

二、高校职务科技成果服务目的的特殊性

就我国目前而言，除民办高校外，高校办学经费一般都源于国家财政拨款，其纵向科研经费也主要源于国家财政资金，而国家财政收入又源于国家税务收入。这也说明，全社会纳税人都在为高校纵向科研活动支付研究经费。因此，高校的科学研究也必然承担社会责任，其科研活动不仅能为特定的企业或领域服务，而且能为全社会提供先进的理念、技术、模式等。高校的科研成果带有很强的公共性或公益性，其职务成果的权属也应该属于单位或国家。而从企业来看，其科研活动主要是为改进本企业内部特定的关键技术，以降低企业生产成本，提高企业生产效率，增加企业的经济效益，提升企业核心竞争力。因此，企业的科研活动是为企业本身发展服务，具有较强的针对性。

三、高校职务科技成果转化的特殊性

国内高校现行的各种考评制度的考评依据主要是：高校科研成果的创新度、成果数量的多少、质量的高低。高校对教师职称评审的主要依据是：教师承担的教学任务、科研项目的级别，发表的论文、专著、专利，获奖证书的数量等方面，这使得高校和教师都把主要时间和精力放在教学上，而科研工作只是为评职称服务。教师在科研方面只注重课题的申报、论文的发表、成果奖项的申报，而没有时间跟进科研成果的后期开发和转

化，导致很多成果成为单纯的"纸质"成果。而企业的科研成果是与企业本身是联系在一起的，企业可以充分利用已有的设备、设施进行中试和生产，因此企业的科技成果转化相对较为容易。

四、科研群体（团队）的特殊性

从高校科学研究群体来看，在绝大部分高校中，除教师这一科学研究群体外，学生特别是研究生也是科学研究的主体之一。学生在随导师进行科学研究的过程中，必然会利用到高校的诸如设备、设施、场地、经费等物质技术条件和其他一些学术资源。而如何界定他们的研究成果权属，在学术界曾引起了广泛争论。一些人认为，学生不是发明人，因为学生在入学时已经交了学费，其中应当包括研究经费。因此，学生在校期间的发明不属于职务发明。还有一些人认为，学生也属于"发明人"，因为导师或学校会为学生发放补贴与报酬，在这种情形下，即使没有书面的合同，学校也和学生订立了默认的雇佣合同，由学校雇佣学生进行学术研究。因此，学生在校期间跟着导师做的任何项目都应属于职务发明，其归属应当按照职务发明的有关规则来认定[①]。

第二节　高校职务科技成果权属改革的理论基础

一、人力激励理论

人力激励理论是由美国经济学家、诺贝尔经济学奖获得者舒尔茨[②]

---

① 宋方方.高校职务发明权利归属研究［D］.北京：北京外国语大学，2017.
② 西奥多·威廉·舒尔茨，美国经济学家，人力资本理论和教育经济学理论基础的奠基人，其代表作有：《人力资本投资》《教育与经济增长》《对人的投资见解》《教育的经济价值》《人力资源》等。因舒尔茨对农业经济、人力资本理论以及经济发展理论的贡献，他于 1979 年荣获诺贝尔经济学奖。

第五章　高校职务科技成果权属改革的理论基础和基本原则 ｜ 85

（T. W. Schultz）提出的。他认为：人力资源是社会进步的决定性因素，但是人力资源的获得不是毫无代价的，人力资源的获得需要消耗稀缺资源，也就是说需要消耗资本投资。人力资源——包括人的知识和人的技能的形成是投资的结果，只有通过一定方式的投资、掌握了知识和技能的人力资源才是一切生产资源中最重要的资源。因此，人力、人力的知识和技能，是资本的一种形态，被称为人力资本。事实上，人对自身的投资历来是十分巨大的，同时人力资源作为一种生产能力，已经远远超过了一切其他形态的资本生产能力的总和。

高校科技职务发明人所拥有的知识和技能是个人对自身不断投资的结果。现在，很多高校科技工作者都拥有较高学历，接受过长期、严格的专业训练，也付出了很多的努力。因此，由于人力投资资本较高，其拥有者自然希望并且要求获得较高的收益。

二、自然法财产权劳动理论

早期的自然法理论家一直在探寻人类财产权利的来源与基础。人们对于自己的劳动成果有主张权利，这也许是支持财产权的最有力的制度。早在古罗马时期，"一个人通过自己的劳动和努力所创造的东西属于他自己"的观念已初步形成。格劳秀斯认为人类战争的后果之一是破坏了属于自己的东西，因此人类会思考在何种情况下可以判断何物属于某人。之后，约翰·洛克（John Locke）沿袭了格劳秀斯以来的自然法传统，系统地发展了自然法的财产权劳动学说。洛克的自然法学说中的财产权劳动理论——他的劳动产品的财产权学说从劳动的角度为财产权的存在提供了正当性。

洛克的自然法理论，特别是他的劳动学说为财产权的正当性提供了依据。洛克说："土地和其他一切低等动物为人类所共有，但是每一个人对他自己的人身享有一种所有权，除他之外任何人都没有这种权利。他的身体所从事的劳动和他的双手所进行的工作，我们可以说是正当地属于他的。所以只要他使任何东西脱离自然所提供的和那个东西的所处的状态，他就已经渗进他的劳动，在这上面参与它自己的某些东西，因而使它成为他的财产。既然是由他来脱离自然所安排给他的一般状态，那么在这上面就他的劳动加上了一些东西，从而排斥了其他人的共同权利。因为既然劳动是劳动者无可争辩的所有物，那么对于这一有所增益的东西，除了他之外就没有人能够享有权利，至少在还留有足够的、同样好的东西给其他人共有的情况下，事情就是如此"①。

虽然当时并没有知识产权一说，但现代的学者们发现其理论在渗入无形财产领域与知识产权制度方面具有巨大的契合力，将其理论运用到知识产权制度上能够解开知识产权制度神秘的面纱，对于解释知识产权制度具有很强的合理性和正义性，于是学者们将它运用于知识产权的制度设计中。他们的基本观点是：智力创造的所有权由创造者享有，就正如每一个人对于自己种植的东西有权收获一样②。在知识产权制度产生至逐渐完善的过程中，人们也将劳动的自然权利的观念扩展到智力财产或者知识产权领域。人们发现，通过自己的劳动和努力所创造的东西属于他自己的观念和原则，把财产的概念和智力产品联系起来，可以为知识产权的正当性提供基础。这使得个人就其智力上的创造主张自己的财产权的全部观念在论证知识产权原理方面具有重要地位。

洛克的财产权劳动理论为职务发明人优先的正当性提供了一种重要的理论基础。自然法中"每一个人对自己的劳动果实享有权利"的观点为职务发明人对于自己的发明创造成果享有专利权的正当性提供了理论根基——发明人因自己的创造性劳动（此种劳动无形中增加了社会价值），而理应对自己的劳动成果享有自然权利，也即原始的专利权利。

三、公平理论

公平理论又称社会比较理论，由美国心理学家约翰·斯塔希·亚当斯（John Stacey Adams）于 1967 年提出。该理论是研究人的动机和知觉关系

---

① 洛克. 政府论（下篇）[M]. 叶启芳，瞿菊农，译. 北京：商务印书馆，1983：56.
② 冯晓青. 知识产权的劳动理论研究 [J]. 湘潭大学社会科学学报，2003（5）：24-29.

的一种激励理论，认为员工的激励程度源于对自己和参照对象的报酬和投入的比例的主观比较感觉。其基本观点为：人的工作积极性不仅与个人实际报酬有关，而且与人们对报酬的分配是否感到公平的关系更为密切。人们总会自觉或不自觉地将自己付出的劳动代价及其所得到的报酬与他人进行比较，并对公平与否做出判断。也就是说，职工的积极性取决于他所感受到的分配上的公正程度（公平感），而职工的公平感取决于一种社会比较或历史比较。所谓社会比较，是指职工对他所获得的报酬（包括物质上的金钱、福利和精神上的受重视程度、表彰奖励等）与自己工作的投入（包括自己受教育的程度、经验、用于工作的时间、精力和其他消耗等）的比值与他人的报酬和投入的比值进行比较。所谓历史比较是指职工对他所获得的报酬与自己工作的投入的比值同自己在历史上某一时期内的这个比值进行比较。当职工对自己的报酬做社会比较或历史比较的结果表明收支比率相等时，便会感到受到了公平待遇，因而心理平衡，心情舒畅，努力工作。如果职工认为收支比率不相等，便会感到自己受到了不公平的待遇，从而产生怨恨情绪，影响工作积极性。当职工认为自己的收支比率过低时，便会产生报酬不足的不公平感。这时职工就会产生挫折感、仇恨心理，甚至产生破坏心理。在少数时候，职工也会认为自己的收支比率过高，从而产生不安的感觉或感激心理。

在职务科技发明中，发明人会对自己付出的劳动（包含智力劳动）与获得的报酬的比值进行比较。一般来说，发明人如果觉得付出和获得成正比时，才会心理平衡，心情舒畅，努力工作；如果职务人认为自己受到了不公平的待遇，便会产生怨恨情绪，消极怠工。

四、现代产权理论

1991 年的诺贝尔经济学奖得主罗纳德·哈里·科斯（Ronald H. Coase）是现代产权理论的奠基者和主要代表，被西方经济学家认为是产权理论的创始人，其理论代表人物还有威廉姆森（Williamson）、斯蒂格勒（Stigler）、德姆塞茨（Demsetz）和张五常等。其理论的核心观点是：一切经济交往活动的前提是制度安排，这种制度实质上是一种人们之间行使一定行为的权力。因此，经济分析的首要任务是界定产权，明确规定当事人可以做什么，然后通过权利的交易达到社会总产品的最大化。因此完善产权制度，对人口、资源、环境、经济的协调与持续发展具有极其重要的意义，对水资源开发的利用和保护具有重大的作用。科斯认为，清晰的产权同样可以很好地解决外部不经济（指某项活动使得社会成本高于个体成本的情形，即某项事务或活动对周围环境造成不良影响，而行为人并未因此而付出任何补偿），在"确定产权法"认为在协议成本较小的情况下，无论最初的权利如何界定，都可以通过市场交易达到资源的最佳配置，因此我们在解决外部侵害问题时可以采用市场交易形式。根据产权理论，职务发明创造的权利不论归国家所有、归单位所有或归发明人所有，在不同的权利归属模式下，职务发明创造是否得到有效利用、发明创造的收益是否得到有效分配的关键是权利的界定是否清晰，哪种权利界定下交易成本最低，权利是否可以通过市场自由地交易①。对高校职务科技成果产权的清晰界定，是提高效率的必要条件，有助于后续成果的转化和应用。

第三节　高校职务科技成果权属改革的基本原则

一、发明人为主原则

发明创造是人类高级智力活动的集中体现，一项发明的产生不是自然规律的发现和研究，而是一种创造性活动思维的产生并使构思付诸实践的结果，这其中凝结了科研人员超常的智力劳动。创造本身是人的智力劳动与物质资料运用的完美结合，二者缺一不可。在科学技术迅猛发展、产业技术研发竞争加剧的背景下，二者的结合将会日益紧密。发明人是发明创

① 肖尤丹，徐慧.职务发明国家所有权制度研究［J］.知识产权，2018（8）：62-72.

造的主体，对发明创造的实质性特点作出了创造性贡献。物质技术条件虽是由单位提供的，但具体如何创造出来，其实施方案、操作工艺、条件状态、方法步骤或色彩结构、图形图案如何配置等体现的均是发明人的个人独有的构思。发明创造的动力来源就是人的创造性思维。一定的物质技术条件为创造提供了空间，虽是重要的，但毕竟是外在的，离开了人的智力劳动的投入也终究只能停留在物质的层面上，是无法自动生成发明创造的。所以，发明人在发明创造中具有不可替代的重要作用。

二、约定优先原则

职务发明是以雇佣关系的存在为前提的，而雇佣关系是两个独立人格的主体之间以劳动和报酬为内容的财产交换关系。这种交换关系受契约自由原则的规范，当事人具有充分的契约自由，是否缔约、与谁缔约、以何种形式缔约以及缔结雇佣合同的条件都由双方当事人约定。对于职务发明的权利归属、当事人双方的权利与义务，法律也允许当事人以契约的形式约定，在不违反相关法律规定的情况下，约定内容由双方当事人确定。雇主与雇员可以约定职务发明的权利归雇主所有或归雇员所有，拥有权利的一方必须对另一方作出补偿，补偿的方式由双方协商约定。

《中华人民共和国专利法》第六条第三款规定约定优先，这是对当事人意志自治的充分尊重。其目的包括：一是想调动科研人员的积极性，使其自筹资金，按照市场需求设置课题；二是想利用单位的闲置资金、设备等，达到智力资源和物质资源的优化组合；三是可以减少权益纠纷，使个人和单位之间有更多的选择余地，充分实现专利法鼓励发明创造的立法宗旨。

三、激励创新原则

按照人力激励理论，人类的创造发明都要投入成本、时间、精力，或者说从事发明创造是要付出代价的。这就需要为人力投资提供激励。在某些时候，获得权益和保护不是所有发明创造人的唯一目的，但建立发明创造的激励制度无疑有利于调动人们进行发明创造的积极性和创造性，这是创造发明制度建立的一个基本原则。在国际竞争日益激烈的今天，科技创造发明能力已成为衡量一个国家科技和经济实力的主要指标。要提高国家的竞争实力，就需要有更多的发明创造，也需要通过建立较为完善的激励制度，鼓励科技人员创新。当然，激励并非仅可以采用报酬或奖励的形式，也可以采用复合激励的方式，从而扩大激励形式，我们要重视物质激励和精神激励，允许发明人适当获得其他权利，参与权利分配。

四、产权合理配置原则

制度经济学的研究表明，对经济增长起决定作用的是制度性因素而非技术性因素。对产权进行合理配置，是提高经济效率与增进社会福祉的关键。按照产权理论，职务科技成果权属改革的首要任务是界定产权，明确当事人的权利，通过权利的市场交易达到资源的有效配置。科技成果权属是一个权利体系，包括所有权、使用权、收益权、处置权、转让权等，其本质是权利关系，反映的是各主体之间的相互关系。职务科技成果权属是由一组权利组成的，就意味着这些权利可以由不同的主体来承担，也意味着产权是可以分割的。因此，合理配置产权，对这些权利进行有效的组合，使最需要这些权利并且在掌握这些权利后能使效益最大化的经济主体获得相应的权利，才能真正实现产权的功能，促进经济增长。

在现行职务科技成果权属制度中，我们可以看出，单位掌握了职务科技成果的绝大部分权利，发明人仅拥有小部分收益权，而且在很多情况下这部分收益权的实现困难重重，发明人的利益未能得到充分保护。因此，在职务科技成果权属改革中，我们也应该遵循合理产权配置原则，既保护单位的利益，也要保证发明人的利益，使单位与发明人各自享有其应得的权利。

五、利益平衡原则

利益平衡也可称为利益均衡，它是在一定的利益格局和体系下出现的利益体系相对和平共处、相对均衡的状态。利益平衡原则是当代我国立法和司法领域的一个不可或缺的重要原则，各项法律法规、规章制度都是在遵循利益平衡原则的基础上设立的。所谓"利益平衡"，是指当事人之间、权利与义务主体之间、个人与社会之间的利益应当符合公平的价值理念，使得各方的利益在共存和相容的基础上达到合理的优化状态①。社会上存在着不同的利益主体，包括利益个体和利益群体，利益平衡原则涉及了多方利益主体，利益平衡就是要兼顾各方主体的利益需求，让各方利益主体之间的利益分配达到最优、最合理的状态。在职务科技成果权属改革中，我们要协调好各方面的利益，包括但不限于协调个体之间的利益，个体利益与社会利益，眼前利益与长远利益，甚至群体利益与人类利益。

高校具有其特殊性，在高校职务科技成果权属改革制度设计中，应结合相关理论，遵循一些基本原则，以最大限度地调动科研人员的积极性和创造性。

---

① 陶鑫良，袁真富. 知识产权法总论［M］. 北京：知识产权出版社，2005：17-18.

第六章　高校职务科技成果权属制度构建

相对于专利制度历史悠久和职务发明制度比较完善的一些发达国家，我国的职务发明制度总体而言还有改进的空间。从目前我国每年专利成果数量上看，职务专利已经占据了主导地位。因此，健全和完善职务发明制度就显得更为重要，这既涉及发明人和单位的正当权益，也事关国家整体利益。针对职务发明制度中存在的问题，我国有必要构建高校职务科技成果权属制度。

第一节　高校职务科技成果权属认定中存在的问题

职务科技成果权属的认定是保护知识产权的基础，其核心是在明确知识产权的基础上，有效保护成果所有者和发明人的合法权益。职务科技成果权属认定的实质是单位和职工之间关于职务发明相关权益进行分配。而对职务科技成果权属的认定是实施有效保护的第一步，即首先要进行确权。职务科技成果权属的认定直接影响单位和职工对发明创造的投入和意愿，好的权属认定制度能最大限度地实现单位和职工的利益平衡，激发职工发明创造的积极性，激发职工的发明意愿和潜力。而我国现有的职务科技成果权属认定，显然未实现这种平衡。

一、高校职务科技成果权属认定的边界过宽

总体而言，我国目前认定职务科技成果权属的依据是《中华人民共和国促进科技成果转化法》第二条和《中华人民共和国专利法》第六条的规定。有些学者把它们归纳为"职责标准"和"资源标准"两个标准，只要满足其中之一的成果就可以认定为职务科技成果。这两个标准看似明确，但高校在实际工作中难以根据这两个标准界定职务科技成果。

首先，从"职责标准"来看，职务科技成果在《中华人民共和国专利法》中定义为"执行本单位的任务"，而我国目前现行法律并没有对"本职工作"作出明确的解释，这也是在实践中引起争议最多的地方。虽然在学术界曾讨论过"本职工作"的范围，但学者们对"本职工作"的解释并不完全一致。如尹新天认为"本职工作"是指根据劳动合同、聘用合同等确定的工作人员的工作职责[①]。而卞昌久认为"本职工作"是指与个人从事的工作性质有关而又在职责范围内的工作，通常认为是在本单位长期从事业务范围内的某项具体工作[②]。这些讨论也仅仅停留在学术层面。就高校而言，由于其科研的特殊性，学科交叉融合趋势明显。一些教师在教学和科研过程中，为促进学科交叉融合会开展独立研究，比如教授建筑工程的教师发明了为提高建筑速度的机械装置。如果我们把它强制性地归入职务科技成果，势必会打击发明人的积极性和创造性，因为"一项发明的产生不是自然规律的发现和研究，而是一种创造性活动思维的产生和使构思付诸实践的结果，这其中凝结了科研人员超常的智力劳动"[③]。

其次，从"资源标准"来看，职务科技成果在《中华人民共和国专利法》中定义为"主要利用本单位的物质技术条件而产生的成果"。学术界普遍认为，发明人究竟有没有用到原单位的资源可以通过调查来确定；但

---

① 尹新天. 中国专利法详解 [M]. 北京：知识产权出版社，2011：77.
② 卞昌久. 论职务与非职务发明的认定 [J]. 学海，1992（3）：59-62.
③ 郭玉坤. 高等学校专利权属界定研究 [J]. 科技管理研究，2008（8）：145-146.

是使用了多少资源在判断时就不是那么容易了。单位的资源被发明人所使用的程度，到底应该怎么去界定呢？把"主要"用于界定专利权的归属，确实是一个不好把握的衡量尺度。"主要"这个词语本身就不好加以量化。另外，在司法应用实践里，法院也不好把握"主要"这一规定。职务发明制度建立的宗旨是要在单位和发明人之间找到一个理想的平衡点，要尽可能地对双方都有激励的作用。发明人的发明意识是形成发明的关键因素，是不可替代的；单位的资源条件是发明的辅助因素，是可以替代的。如果把"利用"或"主要利用"单位的物质技术条件划入职务发明，就会否定发明人的智力投入。对发明人来说，其积极性一定会大大降低。

二、高校职务科技成果认定权利归属过于单一

发明创造活动的核心在于发明人或设计人的主观思维。从发明创造的开始，到整个发明创造的转化实施过程中，到处都是发明人或设计人自身的意志的体现，发明创造的成果凝结了发明人或设计人的劳动。然而我国职务发明制度设计并不能有效地体现发明人的核心地位。职务发明制度存在归属单一的情况，即"职务发明权利全部归单位、非职务发明权利全部归个人"，单位和个人处于"此消彼长"的局面中，极不利于职务发明创造的转化实施。即使《中华人民共和国专利法》第六条有"利用本单位的物质技术条件所完成的发明创造，单位与发明人或者设计人订有合同，对申请专利的权利和专利权的归属作出约定的，从其约定"的规定，但事实上，从职工个人与单位的关系上看，职工的奖励和报酬需要基于单位相关产权的实现，单位处于绝对的强势地位，拥有对职务发明创造享有法律赋予的绝对权力，占据有绝对优势。这也是职务发明权属问题会成为单位利益和个人利益最直接的冲突点和最根本的对立面的原因。

三、高校职务科技成果发明人权益过窄

从目前相关的法律法规及其他规定中我们可以看出，职务科技成果权益包括但不限于所有权、占有权、使用权、处置权、收益权、著作权、署

名权等及其他衍生的权益。在这些权益中，所有权是最核心和最关键的权益，决定了其他权益的获得；完整的所有权包含占有权、使用权、处置权、收益权四项权益。而在我国现行的法律法规中，所有权不属于职务发明人，而属于国家或代表国家的单位。发明人与国家或代表国家的单位相比，从地位、优势、掌握资源、拥有的权力等方面都明显处于弱势，不具有平等的地位。因此，职务发明人往往为了能够得到单位的支持，不得不放弃一些权益，与单位达成妥协性协议，使发明人的权益受到挤压，进而收窄发明人的正当的、合法的权益。

第二节　高校职务科技成果权属制度构建的建议

当今世界风云波谲云诡，世界各国以科技为基础的综合国力竞争日趋激烈，西方大国为了遏制中国崛起，全面开启了包括从经济、政治、军事、科技、文化等各方面打压，特别加强了对我国的技术封锁，妄图通过限制我国科技发展，遏制中国全面复兴。在国际复杂的大背景下，我国科技核心技术是花钱也买不来的，只有把核心技术掌握在自己手中，才能真正掌握竞争和发展的主动权，才能从根本上保障国家经济安全、国防安全和其他安全。因此，建立中国自有的科研制度和科技成果权属制度是促进我国科技创新的关键。

一、准确界定高校职务科技成果的范围

准确界定高校职务科技成果范围是确定高校职务科技成果权属的重要基础，只有将职务科技成果界定清楚，才能确定它的权属。相反，职务科技成果权属界定不清，会造成权属确定困难，影响科研人员从事发明创造的积极性和主动性，也影响科技成果的有效转化。

《中华人民共和国专利法》第六条规定"执行本单位的任务或者主要是利用本单位的物质技术条件所完成的发明创造为职务发明创造。职务发

明创造申请专利的权利属于该单位，申请被批准后，该单位为专利权人。该单位可以依法处置其职务发明创造申请专利的权利和专利权，促进相关发明创造的实施和运用"。"利用本单位的物质技术条件所完成的发明创造，单位与发明人或者设计人订有合同，对申请专利的权利和专利权的归属作出约定的，从其约定"。

《中华人民共和国专利法实施细则》第十二条规定："专利法第六条所称执行本单位的任务所完成的职务发明创造，是指（一）在本职工作中作出的发明创造；（二）履行本单位交付的本职工作之外的任务所作出的发明创造；（三）退休、调离原单位后或者劳动、人事关系终止后1年内作出的，与其在原单位承担的本职工作或者原单位分配的任务有关的发明创造。专利法第六条所称本单位，包括临时工作单位；专利法第六条所称本单位的物质技术条件，是指本单位的资金、设备、零部件、原材料或者不对外公开的技术资料等。"

从上述规定来看，我国在职务科技成果认定标准上显得过于宽泛，只要发明人与单位之间存在非劳动人事关系的其他联系，其发明成果也有可能被认定为职务科技成果发明。这对于本来就拥有行政管理权并在管理中占优势地位的单位来说，其优势地位和权利得到了进一步的巩固甚至会有所扩大。而作为弱势一方的发明人的合法权益可能会被进一步减少。

我们首先需要准确界定职务科技成果的范围，明确规定职务科技成果和非职务科技成果的划分标准，从而建立科学、有效的职务科技成果认定标准。我们认为，在职务科技成果的认定标准上，宜采用较为宽泛的认定标准，而不应将标准规定得过窄。

第一，对于"利用本单位的物质技术条件所完成"的发明创造，无论是"主要利用"还是"非主要利用"，都应当考虑发明人的智力投入。《中华人民共和国专利法实施细则》中的"物质技术条件"既包括了显性的、肉眼可见和可替代的有形物质（如资金、设备、零部件、原材料等），也包括了隐性的、不可见和不可替代的无形条件（如技术秘密等）。因此，一些学者认为应把"主要利用单位的物质技术条件"中的物质技术条件拆分为物质条件和技术秘密两部分；主要利用单位技术秘密所完成的发明创造为职务发明创造，就不会发生单位免费非独占实施的问题。而主要利用单位物质技术条件所完成的发明创造，如果归属于发明人或设计人，则应当给予单位免费的非独占实施权①。虽然物质条件和技术秘密确实存在一定的区别，即前者是有形的，后者是无形的，无论物质条件和技术秘密在表达形式上有什么不同，但在科技发明创造中，它们都是被利用的资源，因而对其进行区分是值得商榷的。职务科技成果权属之争本质上就是利益分配的问题，而利益的分配应当按照"谁投资谁受益"的原则，并按投资比例确定收益的多少。不管是智力投资还是物质投资，本质上都是价值的投资，最理想的情况就是：将智力投资和物质投资转化为可用同一物体度量的价值单位，然后根据价值量的多少来分配所取得的利益。但这只能是一种理想情况，现实情况往往是非常复杂的，我们只能尽量做到公平。我们在注重公平的同时还要兼顾效率，力求能在公平和效率之间找到一个最佳的平衡点。在科技发明中，发明人的主导作用和智力成果是不可否认的，发明创造的专利申请权和专利权理应归发明人所有。为了平衡单位的利益，我们可以给予单位非专有的实施权。需要说明的是，在这种情况下，该物质技术条件须为单位所独有且不可替代，这意味着技术条件即为单位的技术秘密。如果发明人利用的物质条件并非单位所独有，技术条件也不是单位的技术秘密的话，则只须给予单位一定的使用费，而无须给予单位非专有的实施权。非主要利用单位的物质技术条件所做出的发明创造，则归发明人所有，发明人无须授予单位非专有的实施权，也不必给予单位一定的使用费。只有在利用单位资源的过程中造成单位损失时，发明人可以给予单位适当的补偿。我们可以将单位资金、场地、设备、零部件、原材料等大部分能够在他处获得的物质技术条件归为可替代的物质技术条件，而将单位的技术秘密、单位独有的仪器设备等不可在其他地方获

---

① 陶鑫良，许春明，袁真富. 专利申请权与专利权归属及职务发明创造完成人奖酬制度[M]. 北京：知识产权出版社，2006：891.

得的物质技术条件归为不可替代的物质技术条件。据此，我们认为，对于"利用本单位的物质技术条件所完成"的发明创造的理解应该是：利用单位的非替代性物质技术条件完成的发明创造原始权利归于单位，发明人享有优先转让权；利用单位可替代性物质技术条件完成的发明创造原始权利归于发明人，单位享有非独占的免费实施权。

第二，精准界定本职工作范围。目前，各高校广泛实行职工聘用制管理，即学校设立岗位，确立岗位等级和岗位标准，规定岗位职责和岗位任务；职工按照自己的条件选择对应的岗位，承担相应的工作任务。但客观来讲，任何制度的设计都不可能做到十全十美，它总会随着时间和条件的变化而显示出它的滞后性。一些高校围绕人才培养的中心任务，在岗位职责中明确了各个岗位等级的教学职责、科研职责、管理职责、服务职责，其主要目的也是服务于人才培养工作。而另一些高校除对教学工作有严格的标准和要求外，其他职责划分的设计就相对模糊一些。本职工作界定不清就会导致发明人的利益难以得到保护。同时，高校在制定岗位职责时，往往都会在岗位职责中加入一条"完成上级或领导交办的其他任务"，这变相扩大了"本职工作"的范围，把其他相关联甚至有微弱关联的工作内容都与本职工作挂钩，模糊了本职工作的认定边界，不利于界定本职工作的工作标准。因此，我们应当精准界定"本职工作"的范围，明确"本职工作"的具体内容。

二、落实约定优先的产权制度

针对我国职务发明权属单一而造成利益失衡的问题，我们要落实约定优先的制度，尊重单位和发明人的意愿，按照约定优先的原则，合理分配权利，使两者利益达到平衡，让单位和发明人可以按照各自对职务发明的投资和风险的预期约定职务发明权利的归属及对职务发明利益的分配。《中华人民共和国专利法》明确规定："利用本单位的物质技术条件所完成的发明创造，单位与发明人或者设计人订有合同，对申请专利的权利和专利权的归属作出约定的，从其约定。"这表明法律制度承认约定在职务科技成果权属方面的效力。只要单位和发明人事先达成一致，就可以自行约定，并且以约定为先。单位不能限制发明人署名权、知情权、奖酬权等合法权利，也不能为发明人行使基本权利设置附加条件，一旦违背这些条件，约定条款就视为无效。这出于尊重自由意志，扩大约定范围的目的，可以让单位和发明人享有更大的自由，但同时也为自己的自由负责，即明确权属，避免纠纷，防止单位损害发明人权利，切实保障权利实现。同时，当单位和发明人作出将职务发明的权利归于发明人的约定时，法律应当予以尊重。因为在这两者中，一方是拥有资源较多的单位，而另一方是比较弱势的发明人，单位在这个关系中更具优势。所以单位愿意把本属于单位自身的职务发明权属经合同约定给发明人，更能激发发明人工作积极性，使其发挥更大的作用。因此我们认为，对于在执行单位任务或本职工作中产生的发明，单位享有优先的所有权，但如果单位与发明人经合同约定由发明人享有职务发明权属的除外。在允许约定优先的基础上，我们还可以对权利进行适当分割，比如把科技成果的所有权、实施权适当分离，从而达到分割权利、平衡利益的目的。单位享有职务发明的专利权时，就可以赋予发明人一定程度的实施权，比如非独占、可许可等；相反，发明人享有职务发明的所有权时，就可以让单位占有一定的实施权。这种分配权利的做法具备的优点在于：不仅可以保证职务发明主体都有利可得，还可以激励双方去实施专利，因为此时双方都希望能通过实施专利获得经济收益。对发明人来说，单位具有实施专利的条件和资源，将发明交给单位实施更为方便。对单位来说，实施专利获得的经济收益可以带来利润，弥补为获得职务发明专利付出的成本。如此一来，双方就具有共同利益，也有了共同的动力。只有这样，才能有效推动创新，促进职务发明权属关系健康化。

但在实际工作中，特别是在高校中，作为科研人员的教师，往往在进行科研活动之前并没有与单位签订合同或进行约定。这就会出现在没有约定的情形下，职务发明和利用单位物质技术条件完成的非职务发明的权利分配问题。我们认为，这时的发明原始权利归属于发明人，单位享有免费实施的权利。在没有约定的情形下，雇员享有职务发明的权利。这是因为，单位有对其职员进行管理、对职员的职务发明进行管理的能力，单位也能够事先与雇员达成协议。如果单位没有事先与雇员达成关于职务发明的协议，则应该由单位承担对之不利的后果。这样能避免单位怠于与发明人事前就雇员的发明进行协商的问题。如果单位怠于与发明人进行事前的约定，则由按照法律的规定，由发明人享有发明的权利；单位为了避免适用这样的法律，则会积极地与雇员在事前达成协议。这样就减少了单位和发明人就职务发明权利分配问题而产生的纠纷，起到一个正确的导向作用。从平衡单位和发明人地位来说，法律将职务发明的原始权利归属给单位，将不利于保障发明人的权益。如果法律已将职务发明的权利归属给了单位，对于单位来说，无论其与发明人协商与否，职务发明的权利都属于单位。单位往往不重视对发明人的利益补偿，而发明人完全处于被动地位，无力和单位协商所谓的职务发明奖励和报酬，更难以产生危机意识并主动开展职务科技成果的转化。

三、完善职务科技成果的奖励制度

科技比较发达的国家对于高校和公共研究机构的研究成果，均有专门的法律条文对其权利归属、推广转化等方面作出明确的奖励规定。同时，它们对发明人的报酬规定也有别于私立机构，这对于激励高学历、高素质的发明人的创造性、促进技术转移起到了很好的作用。这些实践也证明，这些法律制度极大地激发了高校及公共研究机构的积极性，从而提高了国家整体科技水平。我国对职务科技成果的奖励和报酬是有明确规定的，《中华人民共和国专利法》规定："被授予专利权的单位应当对职务发明创造的发明人或者设计人给予奖励；发明创造专利实施后，根据其推广应用的范围和取得的经济效益，对发明人或者设计人给予合理的报酬。"但在实际工作中，一些单位往往将"奖励"和"报酬"混为一谈，出现只有奖励没有报酬或只有报酬没有奖励的情况，这都不利于调动科技人员的积极性和创造性。从《中华人民共和国专利法》的规定中可以看出，"奖励"

是指在职务科技成果（这是主要指发明专利成果）确认授权后应立即向发明人支付费用，这是发明人完成发明工作并得到单位肯定的认可，是对发明人完成发明创造的奖励；"报酬"是指在职务科技成果转化实施或商业运用后，根据成果所产生的经济利益为依据，即以发明所产生的利润为参考，再支付给发明人相应的报酬，是在职务发明完成转化应用之后发明人才能获得的利益。这里明确几个概念。一是正确定性职务发明报酬权。在权利定性上，应将职务发明报酬权定性为知识产权，而不是劳动报酬权。原因在于劳动报酬是职工在获得单位按月发放的一般性工资，与职务发明创造无关，而职务发明报酬直接产生于有了职务科技成果并得到转化之后，没有职务科技成果及实施成果转化，就没有职务发明报酬；在数额上，劳动报酬的数额小且相对固定，而职务发明报酬取决于职务发明给企业或社会带来的利润数额，且一般情况下该数额较大。同时，如果将职务发明报酬定性为知识产权，单位与职务发明人的报酬纠纷也就不属于劳动纠纷而属于知识产权纠纷，因此也就不用先由劳动仲裁委员会仲裁，而是直接由人民法院进行裁量，并伴有一定期限限制。这会使得程序愈加高效便捷，从而预防一些单位利用期限设置上的漏洞规避责任。二是设定合理的职务科技成果报酬支付比例。虽然 2010 年的《中华人民共和国专利法实施细则》在原先的基础上进一步提高了职务发明报酬支付比例，但与我国经济发展速度相比，我国的职务发明报酬支付比例仍处于较低水平。在被授予单位实施专利的情形下，每年应当从实施该项发明或者实用新型专利的营业利润中提取不低于2%或者从实施该项外观设计专利的营业利润中提取不低于0.2%的资金作为报酬给予发明人或者设计人，如此低的报酬支付比例显然难以真正维护市场经济高速发展的大环境下职务发明人的合法权益。同时，我国职务科技成果发明报酬支付比例采用的是"不低于"的设定方式，所以发明人往往只能获得最低的报酬，单位和企业也不愿意拿出更多的资金作为报酬支付给发明人。为了平衡单位和发明人的权益，更好地调动双方积极性，我们建议设置一个合理的报酬支付比例区间。三是让职务发明人获得的报酬与奖励的形式更加多样。我国与专利相关的法律体系，对职务发明人权益取得方式的规定相对单一，在《中华人民共和国专利法实施细则》以及相关法律法规中，只涉及奖励和报酬方式，而没有涉及成果受益权的其他方式。这和我国当前经济发展和科技创新的新形势难以匹配。因此，法律应该考虑实现职务发明人收益形式的多渠道化。现在专利已经可以当作股份方式进行投资和收益，当大家对智力的认识更加深入时，也就会更客观地认识到智力资本的重要性。现实中，部分单位已试探性地对智力资本做了运作，把发明人的奖励方式设计得更丰富，以符合其单位的发展需要。

四、建立合理的成果转化利益分配制度

职务科技成果权属问题的实质是利益归属的问题，其核心是对职务科技成果所形成的利益分配，具体表现为职务科技成果在实施转化以后的利益分配。合理的利益分配制度有利于激发发明人及单位对于职务科技成果转化的积极性，推动职务发明高效转化。相反，不合理的利益分配制度不但会损害利益主体的利益，还会削弱发明人及单位的积极性，阻碍职务发明的转化。因此，如何分配好职务科技成果在发明人和所在单位之间的利益，对于推动职务发明的转化具有十分重要的意义。在健全利益分配制度方面，一方面国家和政府应当从立法上加以完善，另一方面单位自身也应当按照相关法律法规保护职务科技成果发明人的权益。利益分配制度的设计要注重切实保障科研人员的利益，以增加知识价值为分配导向，充分激发科研人员投身于职务科技成果发明及转化的热情，为职务发明的转化营造一个健康、良好的环境。

从立法层面出发，法律应当对职务发明转化过程中的利益分配制度作出明确规定，完善并解决利益分配过程中出现的问题，建立一套行之有效的利益分配制度。法律应当对转化过程中利益分配制度的一些原则性问题进行明确。首先，法律法规应该统一明确利益分配中涉及的计算标准，不能随意进行计算或因人而异进行计算。其次，对于利益分配过程中可能出

现的问题，法律应当明确相关的解决预案或配套措施。整个利益分配的过程应当做到有法可依，如果发明人或单位出现违法行为，应当依照法律进行处罚并让相关责任人承担相应的责任。此外，法律还可以明确利益分配应当遵循的标准，发明人与单位可以从职务发明转化中获得的利益应当一目了然。总之，应当在立法上对利益分配制度进行明确规定，使得利益分配制度规范化，尽量减少利益分配制度的模棱两可之处，保障发明人的利益，促进发明人与单位之间的利益平衡，推动职务发明的顺利转化。

从单位自身层面出发，单位也可以根据利益分配制度来明确利益的分配，解决利益分配过程中遇到的一些具体问题，增强利益分配制度在实践中的可操作性，从而使职务科技成果发明人和单位的利益都得到保障，充分激发职务科技成果发明人的创造积极性和进行职务发明转化的信心。单位在制定激励措施的时候，可以对发明人本人和其所在团队都进行奖励。这样做不仅能够激发发明人本人的创造积极性，而且能够减少可能发生的利益冲突，从而提高职务科技成果的转化效率。

五、设立专业的成果转化机构

职务科技成果实现价值表现为能够进入市场转化并产生效益，即实现职务科技成果的有效转化。职务发明与市场之间需要一个平台，这个平台能够帮助职务科技成果顺利地进入市场。从我国目前的情况来看，设立了专门的职务科技成果转化机构的单位较少，多数单位还是依靠高校内部设立的科技管理部门或建立的科技孵化园负责职务科技成果的转化。专业转化机构的缺乏，使得一些职务科技成果发明人和单位即使想要让职务科技成果进行转化，也苦于找不到合适的转化途径而不得不放弃。同时，职务科技成果发明人与单位得在转化过程中得不到系统的专业培训，职务科技成果发明与市场对接困难，从而增加了职务科技成果转化的风险性。专业转化机构的缺乏在一定程度上削弱了发明人与单位想要进行职务科技成果转化的决心，影响职务科技成果的转化效率。因此，我国需要加强职务科技成果转化平台的建设，完善职务科技成果转化服务机制，建立国家和地方的科技成果转化公共服务平台。四川省目前可以依托网络平台——"天府科技云"平台，以"互联网+"为科技成果转化的核心，在平台上进行科技成果交易，并向各个单位提供科技成果挂牌交易与公示等服务。同时，我国应该大力推进科技成果转化服务平台与技术交易平台的对接，实现信息共享，有效解决职务科技成果转化过程中出现的交易流通和市场定价问题，帮助职务科技成果真正地进入市场，顺利实现职务科技成果的转化。我国还应该完善高校内部专门从事职务科技成果转化的机构，以发明成果的转化为主要工作内容，帮助发明人进行发明成果的转化；加强对从事职务科技成果转化业务人员的培养和培训，提高从业人员的专业能力和业务水平；建立具有专业知识和管理经验的职务科技成果转化队伍，为职务科技成果转化平台和发明成果转化服务机构提供人才储备。这些人才既要具备战略眼光和国际视野，又要具备丰富的专业知识和技能，还要对相关法律法规和市场情况有深刻的了解。

六、深入推进职务科技成果混合制改革

我国职务科技成果的转化效率不高，主要存在的问题是成果转化的管理方式较为呆板。虽然《中华人民共和国促进科技成果转化法》规定了职务科技成果的转化收益奖励给发明人及其团队的比例不能低于50%，并在一定程度上提高了发明人参与职务科技成果转化的积极性，但是一些政策之间因为不配套或相互冲突，在职务科技成果转换上存在较多的政策障碍，也怕触碰到国有资产流失这条法律红线，因此发明人对职务科技成果转化望而却步。法律上规定的发明人能够从职务科技成果转化过程中获得的利益并不能抵消发明人对职务科技成果转化风险的顾虑，因此很多发明人只是对职务科技成果持观望态度，而不愿意花更多的精力投入转化工作。这导致了高校职务成果的转化效率不高。因此，如果要提高职务科技成果转化率，就要从源头上寻找解决措施，建立产权激励制度，提高职务

科技成果转化效率。四川省进行科技成果权属改革，加强产权激励的尝试，开展职务科技成果混合所有制改革试点，就是加强产权激励的尝试。四川省按照"先确权、后转化"的思路，将职务科技成果由国家所有改为由国家和职务发明人共有，改变了原来国家独享职务科技成果的情况，发明人也对职务发明享有产权。职务发明人拥有了产权之后，就可以对产权进行交易、继承，从而极大地激发了发明人参与职务发明转化的热情，提高了职务科技成果转化的便利性。

第七章 攀枝花学院职务科技成果权属混合所有制改革

2016年年底，为贯彻落实全国科技创新大会、四川省委第十届委员会第七次全体会议、四川省科技创新大会精神，推动科技成果"三权"（使用权、处置权、收益权）政策落地落实，加强科技成果产权对科技人员的长期激励，着力破除体制机制障碍，充分激发科技人员创新创业积极性，提升科技成果供给质量和转化效率，推进科技与经济深度融合，四川省开展职务科技成果权属混合所有制改革试点。根据《四川省职务科技成果权属混合所有制改革试点实施方案》，攀枝花学院是首批职务科技成果权属混合所有制改革试点高校之一。攀枝花学院按照省委、省政府部署，推进《四川省激励科技人员创新创业十六条政策》落地落实，探索科技成果产权制度改革和解决科技成果转化"最先一公里"的有效模式。

第一节 攀枝花学院职务科技成果转化现状

一、出台政策保障

接到四川省委全面深化改革委员会办公室的改革试点通知后，攀枝花学院高度重视职务科技成果权属混合所有制改革试点工作（以下简称"改革试点工作"），及时召开校务会、党委常委会研究部署试点工作，成立了以党委书记、校长为组长，其他校领导为副组长，相关职能部门领导为成员的工作领导小组；小组下设办公室并挂靠在科研处，统筹协调相关工作，确保改革工作顺利开展。攀枝花学院还将改革试点工作列为年度党政重点工作目标，并将其纳入年终考核范围，确保完成阶段性任务。

学校根据改革试点工作的要求，制定《攀枝花学院职务科技成果权属混合所有制改革试点推进方案》这一文件。该文件明确了"探索开展'先确权、后转化'的有效机制、推动形成体现增加知识价值的收入分配机制、建立职务科技成果处置管理的有效方式"等具体改革内容，并对改革进度和各部门职责进行了安排，明确了大学科技园管理委员会办公室（以下简称"科管办"）为试点工作的具体实施部门。在此方案基础上，学校还出台了《攀枝花学院职务科技成果权属混合所有制管理办法（试行)》。该办法明确了改革试点工作所涉及的各方的责、权、利，专利发明人和学校各占转让收益的80%、20%，形成了较为完整、可行的管理制度。此外，该办法还明确提出职务科技成果的转化流程：第一步，科技成果完成人向科研处提出确权申请，经科研处审定后进行校内公示；第二步，科技成果转化负责人完成专利权属变更手续，专利权属变更为学校与科技成果完成人共同所有；第三步，科技成果所有人向科管办提出转化申请，确定转化方式和定价方式；第四步，收益分配与学校配套奖励机制。

另外，按照《攀枝花学院学科建设资助计划》文件精神，学校对成果转化的后补资助为转让金额的20%，即发明人可100%享受科技成果转化收益。相应的政策和措施，更加精准地提高了科研人员成果产出率。改革试点后的科技成果转化数量明显增多，近三年，转让的科技成果数分别为4项、14项、25项，教师进行成果转化的积极性明显提高。

二、注重政策宣传

改革试点工作启动后，全员上下联动，强化动员工作。一是学校领导班子召开校务会、党委常委会研究部署试点工作，安排全员专题学习改革试点文件精神，在中层干部大会传达省委省政府的文件精神，厘清专项改革试点的工作思路、工作目标和工作任务；二是各二级单位召开教职工大会并进行教职工政治学习，让职能部门和科技人员对职务科技成果权属混合所有制改革的内容建立初步认识；三是组织人员有针对性地到科研基础好、科研能力强、科研成果丰富的教学单位进行政策宣讲和改革动员；四是利用各种走访活动和校内外媒体，大力宣传相关政策。

三、有序推进实施

按照实施方案，学校有序推进各项工作。一是相关职能部门深入开展调查研究，对接科技人员需求，深入学校科研单位和二级学院征集科技人员意见，了解科技人员结合地方经济社会事业发展而开展技术研发和社会服务的情况，充分尊重科技人员科技成果转化的意愿，分析制约科技成果转化应用的体制机制障碍。二是向科技人员详细介绍专项改革的背景，解读相关改革政策以及大学科技园为科技人员提供的有利条件，增强科技人员转化科技成果的信心。三是对学校的现有职务科技成果进行遴选，推进一批前景好、与地方产业结合紧密的成果试点。经过层层筛选，2017 年学校率先将"三博士公司攀西地区优质特色生物资源（芒果）开发"和"高效冶金用球团粘接剂"两个项目列为改革试点。

四、职务科技成果转化成效

混合所有制试点改革前，由于职务科技成果的权属不清、激励不足等原因，攀枝花学院的职务科技成果转化效率不高且无典型案例。混合所有制试点改革后的短短两年，攀枝花学院的职务科技成果转移转化的数量是之前总量的五倍以上，无论是转化数量还是转化效率均呈现出明显的增长态势。同时，攀枝花学院培育出一部分成果转化的代表教师和标杆企业。据统计，攀枝花学院涉及钒钛资源、新能源新材料、特色生物医药、现代制造技术等围绕攀枝花产业转型升级发展服务的职务科技成果转化率更高。

2017—2019 年，攀枝花学院通过权利转让、许可实施、作价入股等方式实现职务科技转移转化成果 53 项，转化收益共 776.6 万元。其中，转让成果有 43 项，金额为 101.6 万元；许可成果有 8 项，实现收益 175 万元；2 项专利技术由第三方估值 500 万元以作价入股方式进行转化。部分科研技术成果应用于企业生产，产业化效益达 1.27 亿元。攀枝花学院与攀枝花天亿化工有限公司、攀枝花一立矿业股份有限公司等企业合作开展重大科技项目攻关，近 3 年横向课题经费分别为 730.03 万元、1 295.88 万元、4 498.61 万元。广大师生的科技成果转化热情高涨，攀枝花学院一批师生共创项目在第五届中国"互联网+"大学生创新创业大赛全国总决赛中斩获一银三铜的佳绩。

根据《中国科技成果转化 2018 年度报告（高等院校与科研院所篇）》统计，攀枝花学院以 1 168 万元科研奖励金额在"2017 年高等院校奖励个人现金和股份总金额"排名中位列全国第 42 位、全省第 4 位。在 2018 年四川省高校专利总数榜单中，攀枝花学院名列第 6 位；其中，外观专利数量排名第 1 位，占全省总数的 50%；实用新型数量排名第 7 位；发明专利数量排名第 11 位。攀枝花学院先后被授予四川省"第二批知识产权优势培育单位""高新技术产业示范科研单位"。目前，攀枝花学院与各院所、企业共建科技成果转移机构、转化服务平台 7 个，在外兼职从事成果转化人员和离岗创业人员 5 人。攀枝花学院通过大学科技园建设，不断提升公共技术服务能力，建成四川钒钛技术交易平台、投融资、创业培训、国家技术转移（西南中心）攀西分中心等 7 个公共技术服务平台，涵盖钒钛资源、石墨材料、干热河谷特色生物开发等领域的 30 个公共技术平台；还在攀枝花钒钛高新技术产业园及东区高粱坪工业园建立了产业化基地。本书将近年来攀枝花学院职务科技成果改革试点过程中的部分典型案例列举出来。

【案例一】韦会平博士团队有 6 个专利实现确权转化。韦会平博士自主创办的攀枝花三博士科技有限责任公司实施了科技成果转化。

该案例是改革试点以来攀枝花学院首例教师团队科技成果转化项目，该项目致力于充分利用攀西地区优质特色生物资源，具有较好的经济和社会效益。"灵芝培元组合物、酒剂及其制作方法和用途"等 4 个专利已转让给攀枝花三博士科技有限责任公司，公司每年将实施相应专利所获年度营业额的 2% 作为转化收益，有效期为 20 年。研发团队以高端技术人才为核心，包括博士 3 人、博士后 1 人、教授 2 人、市级学术与技术带头人 1 人，旨在深入研究芒果营养及养生价值，将我国传统中医养生文化和现代科技有机结合，建立以芒果特色养生产品为核心的新型养生理论创新体系及技术创新体系，并初步研发出 6 大系列芒果深加工产品。

公司拥有国内唯一经政府正式批准成立、专业从事芒果养生产品研发的企业自主科技创新平台——攀枝花芒果养生产品研发中心，建有 400 多平方米的芒果养生产品研发实验室，公司 1 000 多平方米的芒果深加工中试生产车间已正式投产。公司在盐边县金河乡进行生产，该地处于攀西芒果种植核心区，资源丰富、地理位置优越，生产基地占地 10 000 多平方米、房屋建筑面积为 3 000 多平方米。公司已建成芒果养生酒和养生茶代加工车间，其中养生酒已正式投产并上市销售。目前，公司所有设备、实验室、经营场所及无形资产总值估价约 250 万元。

【案例二】推动攀枝花大学科技园发展有限责任公司 2 个专利作价入股攀枝花幸福阳光康养教育管理有限公司。

韦会平团队研发的"灵芝提神组合物、茶及其制作方法和用途""灵芝养颜组合物、酒剂及其制作方法和用途" 2 项发明专利，经转让由攀枝花大学科技园发展有限责任公司（攀枝花学院全资子公司）持有，被中都国脉（北京）资产评估有限公司分别估值 240 万元、260 万元，并作价入股攀枝花幸福阳光康养教育管理有限公司，占 10% 的股份。这是攀枝花学院第一例以作价投资方式转化的科技成果。攀枝花幸福阳光康养教育管理有限公司由攀枝花市国有资产投资经营有限责任公司、攀枝花花舞人间实业有限公司合作成立，负责攀枝花学院康养学院的运营管理。攀枝花国际康养学院是全国首家康养学院，于 2017 年顺利招生，目前在校学生近 2 000 人。

【案例三】攀枝花学院教师携自主知识产权"膨润土粘结剂及其制备方法""活性白土及其制备方法"等专利技术离岗创业。

该案例是攀枝花学院教师离岗创业中较为典型的案例，成功实现了教师走出高校、将自身专利成果和科研技术切实用于生产并创收，实现了成果价值。2016—2019 年，该项目为攀枝花学院实现专利许可使用费 325 万元、转让费 30 万元的科技成果转化收入。攀枝花学院老师刘光辉、舒明勇于 2016 年 10 月离岗创业，提出"膨润土粘结剂及其制备方法""活性白土及其制备方法"确权申请，协商以许可使用的方式转化成果。上述两位老师前往广西玉林市创办广西润兴新材料有限公司，公司注册资金为 1 000万元。该公司是该县重点引进的生产型科技企业，计划 5 年内分 3 期投资1.6 亿元，建成高效钠基膨润土、钻井泥浆土、活性白土 3 条生产线，每年可实现 800 万元以上税收，提供 150 个就业岗位。

该公司 2018 年、2019 年的销售额分别达到 1 800 万元、2 400 万元，2019 年 6 月实现产销平衡，当下月产量 6 000~7 000 吨。目前，公司的主要产品有冶金球团粘结剂、活性白土、土木工程非开挖泥浆土等。公司下一步重点瞄准出口日本的吸附环保土（用于核污染土壤的密封），并在2019 年 7 月以转让方式获得专利"活性白土及其制备方法"所有权。广西玉林市国有资产投资有限公司与广西润兴新材料有限公司于 2020 年 2 月完成投资控股并购签约仪式。

【案例四】攀枝花学院研发团队对攀枝花市天亿化工有限公司关于磷矿粉资源化综合利用的专利技术支持。

攀枝花市天亿化工有限公司与攀枝花学院于 2019 年 5 月签订为期 3 年的校企合作协议，协议总金额为 350 万元，其中包括关于"复合粘结剂及其制备方法和用途""磷矿微粉球团及其制备方法"（申请号：CN201910505667.X）2 项专利的许可使用，协定许可费用为 50 万元。在核心专利"复合粘结剂及其制备方法和用途"的基础上，研发团队针对天亿化工的企业需求，有针对性地开发磷矿微粉球团的制备专利。

"先进钒钛能源材料与太阳能利用技术集成技术创新研究团队"成员

涉及的专业领域复合化、多元化，涉及冶金、材料、新能源、化工等方面。该团队自 2010 年开始组建，于 2018 年 12 月获批为市级科研团队。团队牵头项目包括由四川省发展和改革委员会立项的百万级光伏发电中试项目。该团队近年来布局专利知识产权，积聚了较为可观的专利成果容量库，是攀枝花学院职务科技成果转化的标杆型科研团队。

经统计，攀枝花学院教师的核心科研技术如"硫酸法钛白短流程成套关键技术""钢材表面等离子体化学气相沉积镀钛膜技术""新型电子束冷床炉研制与钛及钛合金熔铸工艺研究及其应用""新型 Ti-Al-V-Fe-O 低成本高强度钛合金的研制及其板材加工关键技术"等，应用到相应企业后带来的收益可达 1.27 亿元。

第二节　存在的主要问题

一、配套政策问题

国家和地方关于科技成果转化的政策协调统一推进还须加强，部分政策之间不匹配、相互制约，难以落地，如拥有科技人员和领导干部双重身份的科研人员的科技成果转化就存在问题。一是专业技术岗位的副县级以上干部在科技成果转化作价入股过程中的问题。虽然在现有科技成果转化政策中，担任领导职务的科技人员可获得科技成果转化奖励，包括股权激励；但在个人财务申报中，组织部门又不允许副县级领导干部持股企业。二是《四川省激励科技人员创新创业十六条政策》指出科技人员可在科技型企业兼职从事科技成果转化活动，并按规定获得报酬或奖励。但按照现行领导干部管理规定，科技人员的兼职报酬无法得到落实和保障。配套政策的缺乏使得科技人员难以把握一系列有关科技成果转化的政策文件及相互之间的关系，而一些中层干部往往是工作成果突出的科研骨干。

二、成果评价问题

目前，各单位尚未在科技成果转化评价目的、评价主体、评价指标、评价方法和评价应用等方面达成有效共识。对于科技成果转化的认识和评价会受到不同主体的影响而存在偏差。由于缺乏较为完善、科学的成果转化评价体系，且受到不同主体的影响，不同地区甚至同一地区不同单位之间的评价都存在较大差异，这导致不能正确评价成果转化的市场容纳性、可行性和市场价值。目前成果价值主要是由职务科技成果完成人与需求方协议定价或邀请第三方评估作价的方式进行评价。在多数情况下，作为成果完成人的科研人员对知识产权市场鲜有了解，很有可能在不清楚自身成果的真实市场价值情况下进行价格协商。因此高校或科研院所应该建立完备的市场化运作机制以为科研人员提供专业性支持。另外，职务科技成果严格说来当属国有（无形）资产，在确权、转化过程中涉及资产评估和责任风险，且流程较为复杂，这也是转化工作推进困难的原因之一。

三、科研成果中试和进一步推广的条件有限

科技成果的成熟度是科技成果成功转化的先决条件，我国高校和科研院所的科技成果的相当一部分还只是小试成果，必须完成中试后才谈得上进行转化。众所周知，中试需要大量资金和场地等条件支持，产品推广还需要大量资金、资源和配套政策。普通高校的中试基地面积和配套经费通常较为紧张，孵化资金的来源是困扰成果完成人的重要因素之一。特别是侧重于钒钛钢铁、新型材料、智能制造等工业生产领域的研究从实验室到市场的科技成果转化，投入大、耗时长、见效慢。一方面，高校和科研院所中试条件不足；另一方面，企业对尚未完成产品化开发的成果投资意愿较低，存在"造不如买，买不如租"的观念，科技成果转化落地存在困难。

四、教师的专利成果观念有待革新

首先，由于科研人员对转化流程不熟悉、没有对接到合适的意向性企

业、不知道如何对自己的专利定价等，目前进入成果转化实际运作状态的教师只占少数，有不少教师还处在观望状态，这会造成科技成果的闲置和浪费。其次，由于专利成果的科研奖励处于前端，专利授权后即可记入科研绩效，部分教师出于完成年度科研考核或者职称晋升的目的，所申请的专利并未考虑是否能对接企业技术需求、是否便于转化、发挥出应有效益，这就造成了一定程度的公共资源浪费。最后，由于一直以来的科研考核评价导向，在职称晋升、科研考核方面对成果转化的业绩重视不够，科研人员更倾向于纵向项目研究和应用基础研究，即"重论文轻专利、重项目轻成果技术"。

五、还未形成真正独立并且市场化运作的成果转化运营机构

虽然《中华人民共和国促进科技成果转化法》第二十条明确提出"国家设立的研究开发机构、高等院校应当建立符合科技成果转化工作特点的职称评定、岗位管理和考核评价制度，完善收入分配激励约束机制"，但多数试点机构还没有设置与成果转化工作匹配的职称评定制度，更谈不上成果转化后对促成机构的收益分配激励。现有的职务科技成果混合所有制改革因为确权分割，切实提升了研发团队的转化动力，部分试点机构也在政策中提及对转化运营机构的激励，但由于体制或其他各种原因，现实与理想之间的差距还很明显。

六、建立长效且健全的激励机制

目前攀枝花学院出于推动职务成果转化的考虑，在采取确权时由职务科技成果完成人享有80%的转化收益并且由学校后补助转化金额的20%。将来，当职务科技成果转化工作步入正轨之后，考虑到提供科研条件的单位成本的、成果转化运营机构的佣金抽成等因素，成果完成人的收益比例应该相应下调，并要考虑如何继续保持政策激励作用。

第三节　改革思路和方案

一、完善知识产权管理体系

健全知识产权统筹协调机制。一是借力国家知识产权试点高校的申报，成立知识产权管理与运营领导小组，统筹科研、知识产权、国资、人事、成果转移转化等有关部门和机构，形成科技创新和知识产权管理、科技成果转移转化相融合的统筹协调机制，实现高校知识产权的规范管理。二是探索建立健全专利导航工作机制，在项目的选题、立项、实施、结题、成果转移转化等各个环节体现知识产权管理，建立健全重大项目知识产权管理流程。在项目立项前，进行专利信息、文献情报分析，开展知识产权风险评估，确定研究技术路线，提高研发起点；在项目实施过程中，跟踪项目研究领域工作动态，适时调整研究方向和技术路线，及时评估研究成果并形成知识产权；在项目验收前，要以转化应用为导向，做好专利布局、技术秘密保护等工作，形成项目成果知识产权清单；项目结题后，加强专利运用实施，促进成果转移转化。三是从源头上加强对科技创新成果的管理与服务，逐步建立职务科技成果披露制度。科研人员要主动、及时向所在高校进行职务科技成果披露，涉密职务科技成果的披露要严格遵守有关保密规定；高校要提高科研人员从事创新创业的法律风险意识，引导科研人员依法开展科技成果转移转化活动，切实保障高校合法权益。

二、探索完善的科技成果价值评估体系

科技成果价值评估是科技成果转化过程中十分重要的一个环节。目前，知识产权评估存在定价机制缺陷，难以做到既尊重科技成果作为商品的价值属性，又考虑到科技成果价值的时效性和交易的随机性。在下一步的工作中，学校应考虑具体成果中学校与职务发明人的投入差异，科技成

果所有权比例的划分也应该更具弹性，可以进一步提高职务发明人所占比例。本书建议可从以下几个方面开展工作：一是建立科技成果交易价格数据库，汇集交易价格数据，以大数据分析作为科技成果价值评估的现实依据；二是建立科技成果转移转化工作专家委员会，引入技术经理人全程参与高校发明披露、价值评估、专利申请与维护、技术推广、对接谈判等科技成果转移转化的全过程，促进专利转化运用；三是规范科技成果价值评估机构，提高对评估机构的重视程度。

科技成果价值评估机构作为技术转移行为的主要承担者和参与者，具有显著的公共属性，离不开社会公共管理部门的积极引导和大力支持。我国应该充分重视技术转移机构在盘活创新要素、推动经济发展方面的巨大潜力，从政策、人才、资金等各个方面大力支持技术转移服务机构发展。

三、加强专业化机构和人才队伍建设

加强技术转移与知识产权运营机构建设。一方面，攀枝花学院可以探索市场化运营机制，建立健全集技术转移与知识产权管理运营于一体的专门机构，提供知识产权、法律咨询、成果评价、项目融资等专业服务。特别地，攀枝花学院可以围绕地方产业规划布局和高校学科优势，设立行业性的知识产权运营中心；通过"国家知识产权试点高校""高校科技成果转化和技术转移基地"等平台和试点示范建设，促进技术转移与知识产权管理运营体系建设，不断提升科技成果转移转化能力。另一方面，攀枝花学院可以与第三方知识产权运营服务平台或机构合作，并从科技成果转移转化收益中给予第三方专业机构中介服务费，充分调动专业机构和人才的积极性。

加快专业化人才队伍建设。科技成果转化工作要求从业者具有很高的专业化能力和复合型背景。因此，攀枝花学院需要建立高端科技成果转化人才培养机制，使科技成果转化人才队伍职业化、规范化、制度化，促进成果资本化和产业化；引育结合打造知识产权管理与技术转移的专业人才队伍，推动专业化人才队伍建设；加强高端科技成果转化人才培养，以人

才培育带动科技成果价值评估机构的建设；根据有关规定设置技术转移转化系列技术类和管理类岗位，激励科研人员和管理人员从事科技成果转移转化工作。

四、通过专利后补奖励提升专利质量

针对目前专利重数量轻质量、重申请轻实施等突出问题，攀枝花学院应该以优化专利质量和促进科技成果转移转化为导向，聚焦在专利的头尾两端——申请前和转化后。首先，建立专利申请前评估制度，由自设知识产权管理部门（技术转移部门）或委托市场化机构开展工作，明确流程、费用分担与奖励等事项，对拟申请专利的技术进行评估，以决定是否申请专利，切实提升专利等科技成果质量。其次，逐渐停止对专利申请的资助奖励，大幅减少并逐步取消对专利授权的奖励，可通过"后补助"方式对发明人或团队予以奖励，优化专利资助奖励制度，促进科技成果转化。

五、建立协同转化机制

科技成果转化涉及多个环节衔接、多个部门配合协调。而资源配置过程中存在的一些问题会制约成果的顺利转化。因此，攀枝花学院有必要加大对混合所有制改革的研究力度，总结混合所有制改革经验，进行更大范围的推广。本书建议创建由政府部门、科技园、科研人员以及企业四方沟通联络机制，加大资金投入，全面分析改革过程中存在的问题，总结改革取得的成就以及可供推广的经验，使混合所有制改革更加直观具体，富有可操作性；由相关部门牵头组织，赴高校和科研院所等单位解读科技成果转化政策，解答科技成果转化中存在的疑虑、困难等，避免各单位各自要求不一致等问题。

六、完善职务科技成果转化配套政策

目前，职务科技成果改革的较为突出的问题体现在：副县级以上科研人员干部的科技成果作价入股政策一直未明确，这导致较多人员持有不转化或者推迟转化的态度。具有专业技术职称的领导干部大多是其所在领域的优秀科研学者，乃至科技创新领军人才，其任现职前一般是某些前沿或关键领域的实验室、团队或重大课题负责人。因此，政策不明确使得一些高价值的重大科技成果未能及时转化。本书建议在副县级以上干部科技成果转化问题上给予相应的配套政策支持，引导更多科研人员投身科技成果转化工作。

此外，一是要建立完善的职务科技成果混合所有制的配套政策，为科研人员分割确权、转化科技成果、创建公司的整个过程保驾护航。二是上级主管部门需要完善科技成果转化过程中的配套政策，支持科研成果中试、推广，促进职务科技成果真正落地。三是对于分割确权之后的学校持有的股权，建议建立相应的处理实施方案，明确管理方法等。四是需要相应的激励政策促进高校科研人员转变思想观念、提升创业能力，使其主动融入创新创业改革，贮备创办领办企业的相关知识，应对市场风险。

七、建立科技创新资源共享平台

职务科技成果权属混合所有制改革涉及方方面面，需要不断完善。攀枝花学院需要继续加强与各高校、科研机构的沟通联络，学习借鉴兄弟院校和科研院所的优秀经验，探索高校科技成果转化协同机制，进一步做好科技成果转化工作。为推进科技资源开放共享，提升科技创新服务能力，兄弟院校之间可考虑建立科技创新资源共享平台，提供相关资源挖掘与利用、仪器设备共享、项目合作、技术培训等服务。同时，攀枝花学院可以进一步通过校企合作，有力促进高校科技成果的转化，建立更为切实可行的合作机制，进一步拓展合作空间，把企业需求作为学校科技成果转化重要目标之一，推动合作企业的技术升级、扩能改造，提升企业核心竞争力。

参考文献

［1］王珂. 职务发明制度研究 ［D］. 上海：华东政法大学，2009.

［2］杨筱. 职务发明制度研究 ［D］. 北京：中国政法大学，2009.

［3］别金远. 关于职务发明权益归属及分配的案例分析 ［D］. 兰州：兰州大学，2010.

［4］邓宗禹. 我国职务发明报酬制度研究 ［D］. 武汉：华中科技大学，2010.

［5］黄莉华. 职务发明创造的界定问题研究 ［D］. 南京：南京理工大学，2010.

［6］孙大为. 我国职务发明专利权利归属研究 ［D］. 北京：中国政法大学，2010.

［7］张岩，夏有兵，陈丽琴. 高校职务发明专利管理问题探讨 ［J］. 中国高校科技与产业化，2010 (9)：21-23.

［8］唐随拴. 论职务发明专利的认定及权利归属 ［D］. 宁波：宁波大学，2011.

［9］张平. 职务发明制度探讨 ［D］. 苏州：苏州大学，2011.

［10］张焱. 职务发明报酬问题研究 ［D］. 郑州：河南大学，2011.

［11］陈中山. 职务发明专利权属纠纷问题研究 ［D］. 兰州：兰州大学，2012.

［12］蒋大伟. 我国职务发明奖酬制度研究 ［D］. 长沙：中南大学，2012.

［13］唐松松. 高校职务发明制度法律问题研究 ［D］. 重庆：重庆大

学，2012.

[14] 于瑞彤. 我国职务发明报酬制度研究［D］. 北京：北京化工大学，2012.

[15] 张伟. 职务发明制度的实践逻辑［D］. 上海：上海大学，2012.

[16] 陈卓. 对我国职务发明制度的探讨与立法建议［D］. 上海：华东政法大学，2013.

[17] 管言娥. 我国的职务发明制度研究［D］. 上海：华东政法大学，2013.

[18] 林颖怡. 高校职务发明权利归属问题探析［J］. 法制博览（中旬刊），2013（5）：96-97.

[19] 刘瀛. 职务发明的奖酬制度研究［D］. 济南：山东大学，2013.

[20] 喻志国. 职务发明的权属制度的若干问题及其对策研究［D］. 上海：华东政法大学，2013.

[21] 周俊利. 职务发明创造权利归属制度研究［D］. 武汉：中南民族大学，2013.

[22] 管荣齐. 职务科技成果转化中利益分享的法律对策［J］. 天津法学，2014，30（4）：67-72.

[23] 刘光祝. 我国职务发明专利权属制度研究［D］. 长春：吉林大学，2014.

[24] 皮莹. 职务发明制度中的专利贡献率问题研究［D］. 天津：天津大学，2014.

[25] 唐良智. 下放处置权 扩大收益权 探索所有权：创新高校职务科技成果管理制度的思考与实践［J］. 求是，2014（7）：53-54.

[26] 王超. 论职务发明报酬制度［D］. 济南：山东大学，2014.

[27] 张胜，郭英远，窦勤超. 科技人员主导的职务科技成果转化机制研究［J］. 科技进步与对策，2014，31（21）：110-113.

[28] 管荣齐，职务科技成果转化中利益分享法律问题研究［D］. 天津：天津工业大学，2015.

[29] 解栋栋，曾翔. 关于上海高校和科研院所职务科技成果产权管理

体制改革［J］.科学发展，2015（12）：64-69.

［30］康凯宁.职务科技成果混合所有制探析［J］.中国高校科技，2015（8）：69-72

［31］赖婷婷.我国职务发明的认定和奖酬制度的思考［D］.上海：上海大学，2015.

［32］刘博卿.完善高校职务发明专利权属制度的建议［J］.中国高校科技，2015（9）：53-54.

［33］施婷婷.职务发明创造奖酬纠纷实务探析［D］.南京：南京师范大学，2015.

［34］王翔.小微企业吸纳职务科技成果作价投资的定价模型研究［D］.绵阳：西南科技大学，2015.

［35］葛章志.权利流动视角下职务科技成果转化机制研究［D］.北京：中国科学技术大学，2016.

［36］何川.职务发明创造转化研究［D］.成都：西南交通大学，2016.

［37］金希.职务科技成果转化中科技人员角色的再定位：以促进科技成果转化法为视角［J］.农业网络信息，2016（4）：121-124.

［38］钱卉.中国职务发明权属制度问题研究［D］.上海：上海交通大学，2016.

［39］孙航.我国职务发明报酬制度研究［D］.上海：华东政法大学，2016.

［40］王芳.我国职务发明权利归属制度研究［D］.上海：华东政法大学，2016.

［41］王卉.四问：职务科技成果改革如何落地？［N］.中国科学报，2016-03-09.

［42］王远.职务发明创造专利权归属的判定标准研究［D］.北京：北京交通大学，2016.

［43］谢敏芳，林修凤，连文.关于高校等事业单位职科技成果收益权和处置权改革的若干设想［J］.科技管理研究，2016，36（1）：79-84.

［44］于旻辰.职务发明奖酬制度改革研究［D］.上海：上海交通大

学，2016.

[45] 陈柏强，刘增猛，詹依宁. 关于职务科技成果混合所有制的思考 [J]. 中国高校科技，2017 (2)：130-132.

[46] 陈忠. 高校职务发明的利益分享机制研究 [D]. 广州：华南理工大学，2017.

[47] 邓元林. 我国职务发明奖酬制度研究 [D]. 兰州：兰州大学，2017.

[48] 董颖芳. 职务发明的认定及相关问题研究 [D]. 上海：上海交通大学，2017.

[49] 杜兴华，王晓艳，石帅. 我国高校职务发明权利归属问题探究 [J]. 产业与科技论坛，2017，16 (16)：32-33.

[50] 冯圣. 企业职务发明制度研究 [D]. 上海：华东政法大学，2017.

[51] 林佳思. 论职务发明制度的完善 [D]. 广州：华南理工大学，2017.

[52] 刘凤，张明瑶，康凯宁，陈光. 高校职务科技成果混合所有制分析：基于产权理论视角 [J]. 中国高校科技，2017 (9)：16-20.

[53] 刘丽金，韦靖琳，贾引狮. 广西高校职务发明专利转化中权益分配问题及对策分析 [J]. 技术与市场，2017，24 (7)：435-436.

[54] 聂丹丹. 高校职务发明转化机制研究 [D]. 天津：天津商业大学，2017.

[55] 潘晓宇，马霖. 实施职务科技成果混合所有制的相关问题 [J]. 中国高校科技，2017 (2)：124-126.

[56] 宋方方. 高校职务发明权利归属研究 [D]. 北京：北京外国语大学，2017.

[57] 宋亚坤. 职务发明的奖酬制度研究 [D]. 烟台：烟台大学，2017.

[58] 汤易.《职务发明条例（草案)》中奖酬制度研究 [D]. 广州：华南理工大学，2017.

[59] 万志前，朱照照. 论职务科技成果转化利益分配的约定优先原则 [J]. 华中农业大学学报（社会科学版），2017 (3)：124-131，154.

[60] 于秋慧. 职务发明奖酬制度约定优先原则的适用与限制 [D]. 上

海：华东政法大学，2017.

[61] 张林涛. 职务发明的权利归属研究 [D]. 广州：广东外语外贸大学，2019.

[62] 张胜，基于知识控制权的职务科技成果转化研究 [D]. 西安：西安交通大学，2017.

[63] 朱政熙，邓杰，贾引狮. 广西高校职务发明专利转化模式研究 [J]. 法制与经济，2017 (4)：11-12.

[64] 康凯宁，刘安玲，严冰. 职务科技成果混合所有制的基本逻辑：与陈柏强等三位同志商榷 [J]. 中国高校科技，2018 (11)：47-50.

[65] 曹爱红，王涵，王艳辉. 职务科技成果所有权的法律归属研究 [J]. 科技中国，2018 (5)：71-77.

[66] 陈宪兵. 我国职务发明权属制度法律完善研究 [D]. 南昌：东华理工大学，2021.

[67] 陈赢. 我国职务发明权利归属制度的完善 [D]. 南昌：江西财经大学，2018.

[68] 丁明磊. 地方探索职务科技成果权属混合所有制改革的思考与建议 [J]. 科学管理研究，2018，36 (1)：17-20，45.

[69] 郭英远，张胜，杜垚垚. 高校职务科技成果转化权利配置研究：基于美国常青藤大学的实证研究 [J]. 科学学与科学技术管理，2018，39 (4)：18-34.

[70] 李芃树. 我国职务发明权利归属制度研究 [D]. 重庆：西南政法大学，2018.

[71] 林梦霞. 论我国职务发明权属制度的完善 [D]. 宁波：宁波大学，2018.

[72] 刘梅，王瑞敏. 试论高校职务发明制度：兼评《职务发明条例（送审稿）》[J]. 中医药管理杂志，2018，26 (1)：3-5.

[73] 桑娇阳. 我国职务发明奖酬制度研究 [D]. 苏州：苏州大学，2018.

[74] 邵力晖. 职务发明的权利归属与利益分享制度研究 [D]. 成都：

四川师范大学，2018.

[75] 谭海波. 论职务发明奖酬请求权的创设与完善 [D]. 北京：北京外国语大学，2018.

[76] 汪胜兰. 离职人员发明创造归属的法律适用问题研究 [D]. 上海：华东政法大学，2018.

[77] 王柏兴. 职务发明权利归属认定研究 [D]. 重庆：西南大学，2021.

[78] 王娇. 我国职务发明的权利归属与奖酬制度研究 [D]. 重庆：西南政法大学，2018.

[79] 吴寿仁. 中国科技成果转化 40 年 [J]. 中国科技论坛，2018（10）：1-15

[80] 夏爽. 高校职务科技成果混合所有制的伦理思考 [D]. 成都：西南交通大学，2018.

[81] 邢筱琪. 职务发明的认定规则问题研究 [D]. 昆明：昆明理工大学，2018.

[82] 杨燕波. 我国职务发明权利归属问题研究 [D]. 海口：海南大学，2018.

[83] 姚阳. 高校职务科技成果混合所有制实践研究 [D]. 成都：西南交通大学，2018.

[84] 叶灵杰. 浙江高校职务发明成果转化调查 [J]. 中国科技信息，2018（15）：99-100.

[85] 翟晓舟. 职务科技成果转化中的权利及其要素研究 [J]. 西安电子科技大学学报（社会科学版），2018，28（2）：86-91.

[86] 张翼，王书蓓. 美国斯坦福大学职务科技成果转化处置权和收益权配置研究 [J]. 科学管理研究，2018，36（6）：111-115.

[87] 朱莉萍.《促进科技成果转化法》视域下职务科技成果奖酬问题的研究 [J]. 河南工程学院学报（社会科学版），2018，33（1）：46-50.

[88] 黄安娜. 职务发明报告制度研究 [D]. 重庆：西南政法大学，2019.

[89] 陈光，李良钰，明翠琴，等. 基于倡导联盟框架的中国高校职务

发明政策变迁机理 [J]. 中国科技论坛, 2019 (2)：126-134.

[90] 陈桂兵. 高校职务科技成果混合所有制正当性分析 [J]. 中国多媒体与网络教学学报（上旬刊）, 2019 (11)：83-86.

[91] 关小旭, 邹高峰, 邓可, 等. 对当前高校职务发明混合所有制改革的几点思考 [J]. 科技与创新, 2019 (9)：9-12.

[92] 蒋思媛. 职务发明专利权归属法律制度问题研究 [D]. 杭州：浙江财经大学, 2019.

[93] 蒋可元. 从我国实务判决中探讨专利法"离职后"职务发明之构成要件 [D]. 南京：南京大学, 2019.

[94] 李强, 暴丽艳, 郝丽. 基于最优委托权安排模型的职务科技成果混合所有制研究 [J]. 科技管理研究, 2019, 39 (5)：191-198.

[95] 李政刚. 职务科技成果权属改革的法律障碍及其消解 [J]. 西安电子科技大学学报（社会科学版）, 2019, 29 (2)：68-75.

[96] 刘艾曼. 国有科研单位职务发明制度研究 [D]. 上海：华东政法大学, 2019.

[97] 刘群彦. 职务科技成果产权激励的法经济学思辨：从经验命题到价值命题的理论选项 [J]. 中国高校科技, 2019 (7)：87-90.

[98] 刘星. 高校科技成果混合所有制背景下的职务发明制度问题研究 [D]. 长沙：湖南大学, 2019.

[99] 彭泽龙. 探索高校职务科技成果混合所有制改革的思考 [J]. 科技经济市场, 2019 (12)：76-77, 86.

[100] 唐素琴, 卓柳俊, 吕霞. 我国职务科技成果产权激励相关措施统计分析 [J]. 海峡科技与产业, 2019 (5)：18-22.

[101] 唐志红, 陈光, 周贤永, 等. 创造力资本视角下的高校职务发明专利权效率理论构建 [J]. 软科学, 2019, 33 (5)：35-40.

[102] 徐兴祥, 饶世权. 职务科技成果专利权共有制度的合理性与价值研究：以西南交通大学职务科技成果混合所有制实践为例 [J]. 中国高校科技, 2019 (5)：87-90.

[103] 易玲. 我国职务发明权属条款之冲突与完善：以美国职务发明权属规则为参考 [J]. 求索，2019 (6)：88-94.

[104] 于华. 高校职务科技成果混合所有制探析 [D]. 天津：天津商业大学，2019.

[105] 翟晓舟. 职务科技成果转化收益配置中的权责规范化研究 [J]. 科技进步与对策，2019，36 (20)：128-133.

[106] 张文斐. 职务科技成果混合所有制的经济分析 [J]. 软科学，2019，33 (5)：51-54，64.

[107] 赵世奇. 专利权权属纠纷中职务发明的认定研究 [D]. 兰州：兰州大学，2019.

[108] 郑红林. 我国高校职务发明转移转化法律问题研究 [D]. 成都：西南民族大学，2019.

[109] 周海源. 职务科技成果转化中的高校义务及其履行研究 [J]. 中国科技论坛，2019 (4)：142-151.

[110] 胡晓桥，李炎. 域外职务科技成果所有权属原则的历史变革及其对我国的启示 [J]. 北京经济管理职业学院学报，2020，35 (3)：56-60.

[111] 曾婷，王楠，赵毅峰，等. 四川省职务科技成果权属混合所有制改革试点现状分析 [J]. 科技中国，2020 (11)：67-69.

[112] 陈波. 深化高校院所职务科技成果产权改革推动陕西经济高质量发展 [J]. 新西部，2020 (2)：104-106，110.

[113] 陈珺珺. 职务发明创造中发明人权益保障研究 [D]. 开封：河南大学，2011.

[114] 楚道文，山东省推进职务科技成果转化路径研究 [D]. 济南：山东政法学院，2020-11-30.

[115] 邓志红. 高校职务科技成果的权利配置规则研究 [J]. 科学学研究，2020，38 (2)：259-265.

[116] 高裕韬. 高校职务发明权利归属及问题研究 [J]. 河南科技，2020，39 (36)：32-35.

［117］关小旭，范逸轩，秦启荣，等. 高校职务发明混合所有制改革研究［J］. 科技创业月刊，2020，33（5）：43-46.

［118］黄静雯. 我国职务发明奖酬制度研究［D］. 武汉：华中师范大学，2020.

［119］康慧强. 职务科技成果权属混改中的引致风险与对策研究［J］. 科学管理研究，2020，38（1）：42-46.

［120］康月盈. 职务发明奖酬制度研究［D］. 石家庄：河北经贸大学，2020.

［121］李婷婷. 四川省高校职务发明权属改革政策演进与效果评价研究［D］. 成都：西南交通大学，2020.

［122］李昕，卞欣悦. 我国公立大学职务科技成果权属分置制度的困境与完善［J］. 湖南师范大学教育科学学报，2020，19（2）：11-19.

［123］李政刚. 赋予科研人员职务科技成果所有权的法律释义及实现路径［J］. 科技进步与对策，2020，37（5）：124-130.

［124］刘慧，李波莉，雷勇. 法经济学视域下职务科技成果权属混合所有制改革分析［J］. 内江师范学院学报，2020，35（11）：120-123.

［125］刘俊媛. 高校科技成果转化中职务发明权利归属研究［D］. 天津：天津工业大学，2020.

［126］刘鑫，李婷婷，陈光. 职务发明权属"混合所有制"政策试点起作用了吗？［J］. 科学学研究，2020，38（7）：1197-1206.

［127］刘鑫，穆荣平. 基层首创与央地互动：基于四川省职务科技成果权属政策试点的研究［J］. 中国行政管理，2020（11）：83-91.

［128］卢亚楠，耿成轩. 高校职务科技成果权属改革历时分析与路径探索［J］. 中国高校科技，2020（12）：81-84.

［129］卢亚楠，耿成轩. 基于图模型的职务科技成果权属改革决策分析［J］. 全球科技经济瞭望，2020，35（12）：40-47.

［130］马波，何迎春. 科技人员强制转化闲置职务科技成果的地方立法不足及完善对策［J］. 中国科技论坛，2020（1）：16-24，49.

［131］王影航. 高校职务科技成果混合所有制的困境与出路［J］. 法

学评论，2020，38（2）：68-78.

[132] 魏莹，马杰. 国有科技型企业职务科技成果权属改革的实践与经验：以某转制院所为例［J］. 科技与创新，2020（22）：115-116，119.

[133] 肖凡. 我国国有科研机构职务发明权利归属法律问题研究［D］. 武汉：中南财经政法大学，2020.

[134] 肖国芳，彭术连. 新制度主义视角下高校职务科技成果转化的困境与路向研究［J］. 科学管理研究，2020，38（5）：65-70，82.

[135] 谢敏芳，林修凤，连文. 改革后职务科技成果收益权和处置权相关配套措施评价［J］. 科技创新与生产力，2020（1）：1-5.

[136] 杨文杰. 我国职务发明立法及其完善［D］. 大连：大连理工大学，2020.

[137] 余赵，陈杰. 深化职务科技成果所有权、处置权与收益权配置改革路径研究［J］. 科学管理研究，2020，38（2）：59-63.

[138] 张惠彬，吴运时. 从奖励导向到权利导向：新中国70年职务发明权属的变革［J］. 中国科技论坛，2020（4）：151-159.

[139] 朱琪. 职务科技成果确权背景下中国高校科技成果转化效率及影响因素研究［D］. 上海：上海师范大学，2020.

[140] 蔡琳，杨广军. 产权激励背景下职务科技成果完成人自主转化权立法探索［J］. 榆林学院学报，2021，31（5）：99-104.

[141] 曾莉，付雪旻. 国际视野下职务发明权属制度的经验与启示［J］. 科技与法律（中英文），2021（1）：44-52.

[142] 陈思颖，李荣，黄湘涵，等. 高校职务科技成果权属改革法律问题研究：以四川省3所院校的改革方案（试行）为分析样本［J］. 中国高校科技，2020（12）：85-89.

[143] 楚道文，丛培虎，余晓龙. 职务科技成果共有权的政策要义及制度路径［J］. 中国科技论坛，2021（3）：36-42，52.

[144] 楚道文. 职务科技成果长期使用权的法构造及实现路径［J］. 科技与法律（中英文），2021（3）：36-44，64.

［145］段俊国，路雪婧，邱航，等. 职务科技成果权属混合所有制改革新模式探索［J］. 中医眼耳鼻喉杂志，2021，11（4）：181-182，187.

［146］付坤，李明康. 高校职务发明权益再分享机制建设路径研究［J］. 河南科技，2021，40（21）：127-130.

［147］郝佳佳，雷鸣，钟冲. 高校职务科技成果权属混合所有制改革研究综述［J］. 中国科技论坛，2021（4）：128-139.

［148］何为，赵克林. 高职院校职务科技成果转化的问题与对策［J］. 教育与职业，2021（9）：109-112.

［149］黄小娟. 成都市高校职务科技成果混合所有制政策执行问题及对策研究［J］. 大众标准化，2021（4）：65-67.

［150］李雷明，葛飞，李玉婷. 青海省高校和科研院所职务科技成果权属问题路径初探［J］. 青海科技，2021，28（4）：39-43.

［151］刘群彦，金隼，王玲，等. 职务科技成果"赋权试点"的实践与思考：以上海交通大学为例［J］. 中国高校科技，2021（9）：89-92.

［152］石琦，钟冲，刘安玲. 高校科技成果转化障碍的破解路径：基于"职务科技成果混合所有制"的思考与探索［J］. 中国高校科技，2021（5）：85-88.

［153］王进富，朱玉丹，张颖颖，等. 科研人员职务科技成果赋权、组织能力与衍生创业间关系研究［J］. 科技进步与对策，2021，38（20）：111-120.

［154］吴洪富，姜佳莹. 高校科研人员创新创业的职务科技成果产权激励：制度创新与未来展望［J］. 黑龙江高教研究，2021，39（11）：80-84.

［155］吴寿仁. 事业单位科研人员职务科技成果转化奖励有关问题解读［J］. 国企，2021（9）：18-19.

［156］武梅，钟荣芸，高德友，崔亚娟. 职务科技成果混合所有制的产权经济分析：基于巴泽尔产权理论［J］. 中国高校科技，2021（4）：88-91.

［157］谢地. 论职务科技成果权属限制问题与解决思路：以职务科技成果混合所有制实践为背景［J］. 电子知识产权，2021（6）：80-92.

［158］翟媛媛，张瑞. 河南启动职务科技成果赋权改革［J］. 河南科技，2021，40（14）：6.

［159］赵宸铎. 职务发明专利权的归属研究［D］. 长春：吉林财经大学，2021.

［160］朱星华. 我们究竟需要什么样的职务科技成果所有权制度？［J］. 科技与金融，2021（10）：43-46.

［161］庄智劲. 我国职务发明的界定与权利规则研究［D］. 广州：广东外语外贸大学，2021.